河南省高等学校哲学社会科学创新团队项目

（2014-CXTD-01）成果

当代中国文化生态初论

DANGDAI ZHONGGUO WENHUA SHENGTAI CHULUN

王桂兰　著

人民出版社

责任编辑：郭　娜
责任校对：陈艳华
封面设计：周方亚

图书在版编目（CIP）数据

当代中国文化生态初论／王桂兰　著 . — 北京：人民出版社，2019.12
ISBN 978－7－01－021409－2

I.①当…　II.①王…　III.①文化生态学－研究－中国－现代　IV.① G12

中国版本图书馆 CIP 数据核字（2019）第 220537 号

当代中国文化生态初论
DANGDAI ZHONGGUO WENHUA SHENGTAI CHULUN

王桂兰　著

人民出版社 出版发行
（100706　北京市东城区隆福寺街 99 号）

北京盛通印刷股份有限公司印刷　新华书店经销

2019 年 12 月第 1 版　2019 年 12 月北京第 1 次印刷
开本：710 毫米 × 1000 毫米 1/16　印张：14.25
字数：204 千字

ISBN 978－7－01－021409－2　定价：68.00 元

邮购地址 100706　北京市东城区隆福寺街 99 号
人民东方图书销售中心　电话（010）65250042　65289539

自　序

众所周知，当今中国的"文化"生逢盛世。国家已明确确立了"文化强国"的战略，多数国人对文化在民族振兴中的重要地位和价值也已基本达成共识。这些都得益于作为当代中国执政党的中国共产党历来重视文化建设，在理念上先后完成了从文化自立、文化自强，到文化自信、文化自觉的认识深化过程。习近平总书记早在 2005 年就指出，文化的力量，或者我们称之为构成综合竞争力的文化软实力，总是"润物细无声"地融入经济力量、政治力量、社会力量之中，成为经济发展的"助推器"、政治文明的"导航灯"、社会和谐的"黏合剂"。并在多个场合反复强调过，文化是民族的血脉，是人民的精神家园，认为只有人民有信仰，国家才能有力量，民族也因此有希望，充分表达了对当前我国文化发展的高度重视和殷切期待。2010 年 10 月党的十七届六中全会做出了《中共中央关于深化文化体制改革、推动社会主义文化大发展大繁荣若干重大问题的决定》，提出了建设社会主义文化强国的战略方针。近年来，又相继出台了一系列包括《关于进一步繁荣发展哲学社会科学的意见》《关于加快构建现代公共文化服务体系的意见》《关于实施中华优秀传统文化传承发展工程的意见》等在内的相关方针政策，强调文化自信是更基本、更深层、更持久的力量。总之，当今举国上下对社会主义文化建设的高度重视和广泛动员正日益深入人心。

以生态的视角研究文化，是近年来学术界兴起的关于文化研究的一种新范式。尝试这种范式，首先是基于在当前我国社会文化多元的发展现实和更多关注文化重要性的研究背景下，进而从整体上客观全面地把握当代我国文化发展状况；清晰认识不同文化圈层之间的生态关系，准确发现存在的问题，从而寻找适当的对策，促进文化强国战略的落实。因为文化生态研究的优势就在于具有鲜明的整体性、多样性、关联性、持续性特点。这也体现了文化自身发展的基本规律，只有充分尊重这些规律，才能较好地维护和促进文化的协调、健康、持续发展。当今中国，对文化在社会主义建设和民族复兴事业中的重要作用已经毋庸置疑，但是，对当前文化发展现状做出相对准确客观的描述，尤其是明确揭示其尚还存在的短板，并提出具有操作性的对策建议，并不是一件容易做到的事情，而文化生态的研究范式，会给我们提供这种可能性。因为按照这种研究范式，首先能够将当今中国复杂多元的文化现象予以归类，诸如本书就尝试使用主流文化圈层、大众文化圈层、精英文化圈层、传统文化圈层、外来文化圈层的概念，归类和描述当代中国社会复杂多元的文化现象。其次，用不同的形态归类，概括表达各个文化圈层的社会存在形态。诸如，用理论价值形态、制度政策形态、媒体舆论形态、主题活动形态、文学影视形态、文物遗址形态，归类当代中国主流文化生态的社会存在形态。通过考察广大民众对不同形态的接受程度，从而找寻与民众精神文化需要有效对接的路径。最后，有利于揭示文化生态的一系列关系。诸如文化发展与经济社会发展的协调关系，文化生态内部各个圈层之间的平衡关系，每一文化圈层内各种存在形态之间的结构关系，全社会良性文化与消极文化之间的博弈势能关系，文化主体与现实文化存在的互动关系，文化现状与未来发展走向的关系，等等。通过对这一系列关系的分析和梳理，基本能够发现当前文化生态之间尚还存在的不协调因素，从而使有针对性地提出对策并予以化解成为可能。

其实，不管我们是否意识到，是否承认，任何一个国家、民族或地区的文化都是以生态的面貌客观地存在着，只是各自的生态，受制于不同的自然地理和社会人文环境，呈现出不同的性质和样式特点而已。尝试用生态的视角去观察审视和深入剖析当代中国的文化现象，有利于我们把握全局，注重不同文化圈层之间的相互联系，学会运用生态的规律去化解多元文化之间的冲突和矛盾，促进不同文化之间的交流、交融与互鉴，不断优化主流文化建设，使其在文化生态中的主导和核心地位不断予以巩固，这也是该拙作面世的初心和原始出发点。

　　谨以为序。

王桂兰

2019 年 8 月于郑州

目　录

第一章　当代中国文化生态研究范式概说

文化生态，即文化生发和存在的状态，是一种借用生物学的方法探索文化发展规律的文化研究范式。"所谓文化生态是借用生态学的方法研究文化的一个概念，是关于文化性质、存在状态的一个概念，表征是文化如同一个生命体一样也具有生态特征，文化体系作为类似于生态系统中的一个体系而存在。"[①] 本书所指的文化生态，是指"在特定的地理环境、历史传统和经济发展水平等因素的基础上，文化诸要素之间相互关联、相互作用所呈现出来的具有明显区域和时代特征的整体文化状况"[②]。

第一节　文化生态研究的缘起

习近平总书记曾经讲过，文化是民族的血脉，是人民的精神家园。文化自信是更基本、更深沉、更持久的力量。以生态的视角考察分析当代中国文化，是在文化研究范式方面进行的尝试和探索。这种尝试既是在党和国家大力倡导文化强国背景下全面客观认识和把握当前我国文化发展整体现状

---

① 高建明：《论生态文化与文化生态》，《系统辩证法学报》2005 年第 7 期。
② 管宁：《文化生态——与现代文化理念之培育》，《教育评论》2003 年第 3 期。

的需要；也是通过深入探寻文化发展的内在规律，切实促进文化发展繁荣的需要；更是基于当前我国文化发展的多元现实，努力强化主流文化建设的必需；同时也是面对广大人民群众快速增长的精神文化需求，从战略意义上不断促进全社会优秀文化产品的充分供给，最大限度地满足广大人民文化需求的必然选择。

一、基于文化强国背景，全面把握我国文化发展现状的需要

（一）文化强国是促进我国经济社会持续发展的必由之路

马克思主义唯物史观告诉我们，文化作为社会精神的产物，与一定社会阶段的经济发展程度密切相关。我国自 20 世纪 70 年代末至今，经过了四十年以经济建设为中心的快速发展，国民总收入已经位列世界第二位，人均收入也已接近中等发达国家水平。正是在这样的背景下，2010 年 10 月党的十七届六中全会做出了《中共中央关于深化文化体制改革、推动社会主义文化大发展大繁荣若干重大问题的决定》，提出了建设社会主义文化强国的战略方针，强调建设文化强国是在当今发展阶段国情下促进我国经济社会持续发展的必由之路。

党的十八大报告不仅重申了这一重要战略，而且提出要扎实推进文化强国战略的实施。其必然性，不仅在于文化产业是优化经济结构、促进经济向低投入高效益、低碳环保、绿色内涵式发展方式转变的重要途径；而且在于由文化发展带来的国家文化"软实力"已经成为国际竞争的重要因素；同时以主流价值文化引导、塑造民族精神和国家凝聚力也已经成为国家综合实力的重要组成部分；而且历史还一再证明一个民族的复兴和强大既取决于经济军事和文化实力，还取决于为人类文明所做出的贡献，所以最大限度地激发中华民族的文化传承和文化创造能力，促进文化繁荣被历史地提上了党和国家的重要议事日程。

（二）全面客观地把握当前我国的文化发展现状，是科学制定文化发展战略的重要前提

要实现建设社会主义文化强国的战略目标，最重要的前提首先在于摸清家底，全面客观把握当今我国文化发展的整体状况和与其他国家的比较定位。众所周知，任何一项事关国家发展的重大决策要建立在科学的基础上，就必须准确把握和深入了解该领域当前发展的现实状态，准确分析研判，才能从具体实际出发，取得理想的预期效果。而学界同仁们也非常清楚，由于社会文化现象的复杂性、变迁性、多元性以及人们对其概念界定的"见智见仁"，在古今中外的历史上都是一个难以说清楚的问题。而利用生态的表述方式，便于概括当代我国文化发展的整体面貌、尽可能明确地区分文化存在的不同层次，形象描述当前文化发展的实际状态，发现其中失调的要素，从而为宏观文化发展战略的科学制定奠定客观坚实的现实国情基础。

（三）当前已有文化研究成果在文化整体现状描述与问题应对方面尚显薄弱

也许正是由于文化概念的难以统一和文化现象的纷繁复杂，自我国提出文化强国战略至今，在已有的文化研究学术成果中，阐释文化建设重要性的内容占据了绝大多数，而对文化发展现状进行客观全面描述的成果相当少见，尤其是从宏观角度，对当前我国文化发展进行战略设计并提出具有操作性方案的成果则更为鲜见。而相对客观把握当前我国文化发展的整体现状，深入系统地剖析所存在的倾向性问题，进而提出具有针对性和建设性的对策建议则成为文化研究领域的当务之急，故本研究试图进行尝试。

（四）当今中国文化现象的复杂性导致了对其现状和规律把握的难度

文化现象的复杂性，古往今来一直存在。笔者认为，文化现象的复

杂性，其一，来自文化自身内容的包罗万象。众所周知，如果从广义上讲，人类世界的所有现象都可以成为文化的组成部分。这种无所不包的庞大体系，增加了人们对文化现象描述的难度。其二，由于人们对文化概念认识界定的"见智见仁"，不同的学者不仅会从不同的物质或精神意义上界定文化，甚至也会从不同的学科视角出发去表述他们眼中的文化。这种对文化概念的众说纷纭，成为导致文化现象复杂性的另一重要原因。其三，随着整个人类社会的发展进步，文化多元成为当今时代文化发展的社会现实和重要的发展趋势，这种文化的多元不仅是构成文化现象复杂性的原因之一，而且可能是其重要原因。其四，总体上讲，文化作为一种精神现象，往往又在现象和本质方面存在相当的差异和分离性，极大地增加了人们通过现象考察进而去认识和驾驭文化规律的难度。

二、基于促进文化繁荣目标，探寻文化发展内在规律的需要

"运用生态学透视文化的运动和发展，可以看到就像任何一个生命体、任何一种生物离不开其特定的生存环境，总是与其他生命体、生物及各种生存环境相互影响、相互作用一样，人类所创造的每一种文化也是在与其他文化及所处的社会环境交流互动中演化发展着，因而，完全可以把文化系统类比为生态系统进行分析研究，从生态的角度研究文化，是文化研究的新领域，有助于我们更好地把握文化的演化发展规律。"[1]

（一）促进文化发展繁荣必须遵循文化内在发展规律
由于文化现象的发生和发展如同其他事物一样，受着其内在关联性的支

---

[1] 高建明：《论生态文化与文化生态》，《系统辩证法学报》2005 年第 7 期。

配，因此促进文化繁荣如同促进经济振兴一样，需要遵循其内在的发展规律。一般来说，主要包括：文化发生的规律，即文化现象的产生与经济发展程度相适应；文化对经济社会发展的反作用规律，即文化一旦形成，又在一定程度上影响经济社会发展的规律；文化传承的规律；文化交流的规律；异质文化之间共存、互补以及相互交融和相互借鉴的规律；等等。文化规律，就是文化发生和发展的内在规定性，顺应之，则荣；违背之，则衰。这是数千年来人类社会文化发展的历史所反复证明的。

（二）纵观当代中国文化的沿革历史曾长期存在政治化倾向

从本质意义上说，文化生态也是社会关系的一种重要体现。当代中国文化的产生与形成与近现代中国社会变迁，尤其是社会革命运动的发生与发展密切相关。新中国成立初期，被西方严密封锁的国际外交处境和国内恢复国民经济的严峻形势，都要求中国共产党必须以前所未有的政治优势广泛动员全国民众，形成强大的民族凝聚力，同仇敌忾，共渡难关。此后在直至改革开放前的数十年间，我国的社会文化似乎总能让人们感受到浓厚的政治气息。

改革开放以来，尽管我们曾经对外极力淡化意识形态，但东西方在意识形态方面的对立始终存在，尤其是随着苏联的解体，世界社会主义运动的中心自然转移到了中国，而且由于中国改革开放以来的快速发展，社会主义道路模式创新和典范的意义不容置疑。正是由于中国的这种特殊国情，当代中国文化始终与社会主义不可分割。不过需要说明的是，这种政治化倾向，在"文革"前曾经被强化到了不太适当的程度。在此后数十年的改革过程中，随着对当代中国社会主要矛盾的正确认识，以及经济、政治、文化三位一体和经济、政治、文化、社会、生态五位一体发展战略格局的逐步提出，文化建设的相对独立性和社会性定位逐渐得到恢复和广泛认知。

（三）探寻文化规律的前提是准确把握其发展现状

一般来说，探寻特定时期特定区域的文化发展规律，需要建立在对该区域和该时段文化现象的系统考察和深入把握的基础之上。故而全面、客观地了解其文化现状，就成为认识和把握其内在规律的重要前提。尤其需要说明的是，长期以来，由于各种复杂的原因，学术界关于对当代中国文化整体现状做出能够让大多数学者认可的研究成果非常鲜见，这也是本书试图尝试的重要动因之一。即尝试用生态的视角，相对整体全面、客观形象、深入浅出、归类有序地对当代中国的文化现状做出比较符合实际的描述。因为生态研究的重要特点就体现在观照其整体性、多样性、关联性、持续性等方面。

（四）生态的视角有利于全面考察文化的整体状况

如前所述，由于诸多复杂的原因，古今中外，人们对文化现象的描述和认识始终存在分歧与差异，以至于影响大家对文化现状的了解和掌握。笔者认为，存在这种现象的重要原因之一就是缺乏对文化定义的共识，尤其是缺乏足够容纳文化现象复杂性的研究范式，而生态的范式则不失为一种有益的尝试，因为生态研究范式最基本的特点就是整体性、关联性、持续性。坚持整体性观念，就不会一叶障目，只见树木，不见森林；可以超越枝节，把握主流；超越个别现象，看清纵横脉络；相对客观、全面地把握整体文化状况，从而找准薄弱环节，采取具有针对性的促进措施。坚持关联性，也就是协调性观念，就不会"头疼医头，脚疼医脚"，割裂各种文化现象之间的内在联系，忽略不同文化圈层之间的互动、互补和共生规律，从而使文化繁荣受到抑制。坚持持续性观点，就会充分认识一些功利性的短期行为对文化发展的严重危害与必然导致的不良后果，从而负起社会责任，为文化的健康持续发展营造良好的社会氛围。

三、基于文化多元现状，促进主流文化圈层不断优化的需要

（一）文化多元不仅是当今中国社会的现实且是世界文化发展的必然趋势

文化多元是对一个社会价值文化的种类是单一还是多个的话语表达，也是当代中国文化相对于改革开放前计划经济时代过于单一的文化状态的概念表达。众所周知，当代中国社会自 20 世纪 70 年代末至今进行了四十多年的改革开放，伴随着经济领域市场经济的建立和政治领域的民主化建设，人们的个体意识、自主性、追求平等的精神等不断地被激发，为文化多元奠定了重要的社会基础。同时，从马克思主义关于人的全面发展理论来看，人的充分自由，尤其是对人们精神需要的充分满足，离不开社会多样化文化产品的提供。因而，文化多样化不仅是人类社会文明发展的必然趋势，而且也是当前我国社会文化发展的国情现实。

（二）现实实践证明：当今中国的文化多元已经和正在对主流文化的主导地位形成严峻挑战

有学者认为，一个国家的文化生态可以划分为："以政治话语为核心的主导文化；以人文话语为核心的精英文化；以世俗话语为核心的大众文化。"[①] 其实，当今中国社会的文化圈层，除了上述三种文化圈层之外，还活跃着代表中国文化源流的传统文化和以西方所谓的自由民主以及宗教文化和互联网文化为代表的外来文化。总体来看，由于以世俗为中心的大众文化，反映的是民众现实的、感性的文化需求，故而与经过整合和升华的主流文化存在一定的差异；而以人文话语为核心的精英文化，由于其立场的公共性和追求的超越性，与体现国家整体意志和阶段性目标的主流文化存在差异；而

---

① 徐建：《当代中国文化生态内的矛盾探析》，《哈尔滨市委党校学报》2008 年第 1 期。

作为民族文化根脉的传统文化，则由于其内容的历史性和形式的单一性，与极具时代精神和现代信息方式的主流文化存在差异。

与此同时，随着经济全球化的日益加剧，大量涌入国门的西方文化，其中包括带着强烈西方价值色彩的极端个人主义、超前消费等观念，以及西方的宗教文化和伴随着互联网信息手段输入的碎片化的快餐文化等都与具有中国特色的社会主义意识形态存在差异，这些亚文化在不同方面、不同层次甚至以不同的方式不断地消解主流文化，形成了对其主导地位的挑战。从生态意义上讲，就是出现了严重的文化生态失衡。这种文化生态的失衡具体地表现为主流文化的主导地位越来越多地停留在理论层面；主流的声音似乎与民众的精神生活越来越拉开距离；原本具有指导实践和规范约束人们行为的主流文化，越来越成为现实社会生活中被束之高阁的东西……主流文化正前所未有地经历着被边缘化、被空泛化的尴尬无奈的境遇。

（三）应对挑战必须使主流文化回归文化的本质并遵循其内在的规律

实事求是地说，主流文化遭遇挑战和尴尬的成因，不仅仅在于自身的变革和重建需要一个漫长的过程，而更重要的是社会政治经济和文化环境变革等一系列因素导致的必然。主流文化要承担起巩固执政、引领思想和稳定社会人心的使命，就必须有效应对挑战。而在诸多亟须改善的因素中，让主流文化回归文化本质，善于通过顺应文化内在规律来强化自身的科学性与先进性，与其他文化圈层相互协调，共存互补，在引领规范中不断彰显其科学先进的优势，从充分尊重广大人民群众的文化选择意愿出发，通过不断增强其广大民众的选择认同，对于一个长期处于和平发展环境的人口大国来讲，要比过多地依靠行政力量推行其意识形态更能取得春风化雨、润物无声的良好效果。

四、基于文化需求现实，破解社会文化产品供给不足的需要

社会主义文化的基本功能之一就是不断满足人民群众日益增长的精神文化需求。党的十九大报告提出，当今中国社会的主要矛盾已经转化成为人民人民日益增长的美好生活需要和不平衡不充分的发展之间的矛盾。

（一）经济社会的发展促使民众的文化需求快速增长

马克思主义唯物论告诉我们，社会文化作为一种精神现象与社会经济发展状况密切相关。当代中国经过了四十多年的改革开放，社会经济发展取得了举世瞩目的成就，稳居世界第二大经济体地位，人均国民收入也实现了小康。古人云，衣食足而思荣辱。物质生活富裕之后，普通老百姓的精神文化需要呈现出井喷式增长趋势。诸如每当公休假日出行车辆总是把道路堵得水泄不通的休闲旅游需求，平日周末的闲暇时间艺术、体育、科技、博览等场地难以满足人们参与活动和游览、施展个人爱好的需求，广大民众对保健养生等项目的需求，对下一代教育期待的需求等均在逐步提高，民众的反应日益强烈。

（二）社会文化产品和文化服务的提供与民众需求存在差距

由于中国处在从温饱型向小康型社会转型中，随着居民收入的快速增长，民众精神文化需求的爆发过于迅猛，社会文化产品和文化服务的提供，仍然受制于文化管理体制和旧有文化观念的约束，不管是文化产品的丰富程度，还是文化服务的有效程度，都显得不相适应。

"根据国家统计局对全国 31 个省（自治区、直辖市）16 万户居民家庭开展的城乡一体化住户抽样调查，2014 年全国居民人均消费支出同比增长9.6％，其中，人均文化和娱乐消费支出增长 16.4％，远高于人均消费支出增速。据测算，2013 年底，我国文化消费潜在规模为 4.7 万亿元，而实际文

化消费规模刚刚超过 1 万亿元，存在超过 3 万亿元的文化消费缺口。2014年人均文化和娱乐消费支出为 671 元，占总消费支出的比重为 4.6%，低于发达国家 10% 至 12% 的一般水平。缺口巨大、消费潜力有待进一步释放，是我国文化消费的现实情况。"①

（三）生态研究便于明确和及时调整文化产品生产与文化服务供给

如前所述，文化生态研究的特点就在于把握整体，兼容多样，提倡协调，关注持续。把握整体有利于客观评价文化存在格局，发现和针对性加强薄弱环节，为政策制定提供借鉴；兼容多样有利于尊重民众的多层次文化需求，引导市场不断丰富文化产品种类；提倡协调有利于关注文化与经济社会之间、文化与主体之间、不同文化圈层之间，以及全社会积极文化与消极文化之间的相对平衡与稳定关系；关注持续有利于在全面促进文化繁荣发展的同时注重文化发展方向和成效预期，始终保证文化沿着健康轨道持续发展。因此，能够及时准确地发现问题，促进文化发展始终朝着有利于不断充分满足民众文化需求的方向提供有效对策，恰恰是文化生态研究范式的特点和优势。

第二节　当代中国文化生态研究的学理建构

学理建构是所有研究的论域与概念界定及其基本逻辑框架架构脉络。也是所有研究必须开宗明义的前提和基础。本研究的学理建构旨在明确研究的基本概念和论域界定；当代中国文化生态的文化圈层构成及其主要存在形

---

① 黄永刚：《从提高供给质量出发扩大文化产品有效供给——推进文化建设供给侧改革的思路和举措》，《光明日报》2016 年 6 月 1 日。

态；当代中国文化生态研究蕴含的重要生态关系；当代中国文化生态研究的主要特点与优势；等等。

一、关于文化生态研究论域的相对性界定

"人类所创造的每一种文化都是一个动态的生命体，各种文化集聚在一起，形成各种不同的文化群落、文化圈甚至类似食物链的文化链。它们相互关联成一张动态的生命之网，其作为人类文化整体的有机体，都具有自身的价值，为维护整个人类文化的完整性而发挥着自己的作用。"[①]

"所谓文化生态，是借用生态学的方法研究文化的一个概念，是关于文化性质、存在状态的一个概念，表征是文化如同生命体一样也具有生态特征，文化体系作为类似于生态系统中的一个体系而存在"；"人类所创造的每一种文化也是在与其他文化及所处的社会环境交流互动中演化发展着，因而，完全可以把文化体系类比为生态系统进行分析研究。"[②]

文化生态学中国学派的先驱冯天瑜先生从唯物史观出发，认为文化生态学是以人类在创造文化过程中与天然环境及人造环境的相互关系为对象的一门学科，其使命是把握文化生成与文化环境的内在联系及其调适，并因此将文化生态划分为三个层次，即自然环境、社会经济环境和社会制度环境。也被称为自然场和社会场。

"文化生态是一门将生态学的概念、理论与方法，应用于文化研究而形成的交叉学科。它研究文化的生成、发展与环境（这里的环境既包括自然环境，也包括社会与文化环境）的关系，还研究环境对人类的影响以及人类如何适应环境、利用和改造环境来创造文化。"[③]

[①]　方李莉：《文化失衡问题的提出》，《北京大学学报》2001 年第 3 期。
[②]　高建明：《论生态文化与文化生态》，《系统辩证法学报》2005 年第 7 期。
[③]　朱以青：《文化生态保护与文化可持续发展》，《山东大学学报》2012 年第 2 期。

本研究所指的文化生态，是在当代中国特定的自然环境和社会政治经济条件下文化的发生和存在的状态。是指与当代中国社会的政治生态、经济生态、社会生态相对应的文化构成状态。该文化生态的论域明确区别于以往研究中诸如"东巴文化"等所指的某一种群或族群。即，所谓人类文化学意义上的文化生态；与历史上曾经存在的诸如"岭南文化"等某一特定区域或特定风格的历史学意义上的文化生态，亦不相同。本研究的考察对象是当代中国文化状态断面的宏观状态以及主要文化圈层的社会存在形态。

有观点认为，该文化系统的基本要素与特征之一是不仅包括该文化存在的自然环境和经济社会环境，而且包括由文化产品的生产者、分解者、消费者等构成的文化主体。二是该系统内的不同文化要素元之间不仅相互联系、相互作用，而且存在不同的层级关系。一般来说，大系统中又拥有一系列小系统。三是系统内部随时存在着能量信息的流动，而且这种流动还具有交互、反馈、循环以及自我调节的功能。四是整个系统一直处于运动变化的动态之中，这些变化绝大部分是可感可测，且在一定程度上是可以依靠经验予以控制的。换句话说，是可以通过人为的调节而得到优化或者消解的。整个生态演变的最好状态就是平衡与稳定[①]。

本研究旨在探索和倡导充分尊重文化内在的整体性、多样性、协调性、持续性等规律。因为当代中国文化生态作为当代中国政治、经济、社会发展的必然产物和系统存在，将在很大程度上直接或间接地影响中国政治经济社会的发展模式和广大民众的精神面貌。

二、当代中国文化生态的建构格局与存在形态

文化生态和其他生态一样，作为一种系统存在，必然是由多个文化要素

---

① 黄云霞：《论文化生态的可持续发展》，《南京林业大学学报》2004 年第 3 期。

元构成。关于其基本要素元的概念表达，有学者称之为文化类型，也有学者称之为文化种类、文化形态等，笔者在反复借鉴前人研究成果后认为用"文化圈层"的概念来概括和表述不同的文化要素元似乎更为贴切。因为文化的属性决定了它的弥漫性和渗透性，难以用种类、类型之类的词汇概念准确描述和归类，因为根本无法将它们之间的边界区分得一清二楚，而圈层这个概念本身就包含着不同文化之间的交互性、重合性、融合性。

所谓文化圈层，不是像我们想象中其他圆形的东西，有明确的形状，有清晰可见的边缘界限，看得见，摸得着。本书所指的文化圈层，之所以叫作圈层，而不是叫作类型、品种之类的概念，就是因为充分考虑了文化的特性。文化本身就是一种抽象的、隐匿的、模糊的、似有似无的东西，所以文化圈层也是一种大致的划分，就像宇宙间的星河一样，其分布是流散的、弥漫的，其边界是模糊不清的，其归类的划分是相对的，在一些边缘领域，往往是你中有我、我中有你的状态。基本上不存在非我即你、一刀两断、鲜明对立的情形。

关于当代中国的文化生态格局，学界不少相关成果提出过多种不同的观点。各种不同观点的差异主要在于建构或者划分的标准不尽一致。其中比较公认的是三分说，即，认为"当代中国文化生态的基本格局是由主流文化、大众文化和精英文化构成。认为按照群体差异，当代中国文化可以划分为'主流文化，精英文化，大众文化'。当代中国的主流文化就是有中国特色的社会主义文化。"[1]这种划分所持的原则，主要是以文化创造主体和受众的主体为依据。

笔者认为，这种观点虽然有一定的道理，但忽略了中国文化的历史延续因素和全球化带来的文化交融因素。也就是说，从文化发展演变的时空性而言，在某种意义上还存在该地区或该民族世代传承而延续下来的传统文化和

---

① 邹广文、宁全荣：《当代中国文化形态及其走向》，《北京行政学院学报》2012年第4期。

在不同意义上与本土文化交流碰撞的外来文化。传统文化在某种意义上说也是文化传统的延续，它从一个民族或地区的远古走来，是其祖先们世世代代在文化创造方面的积累积淀而成的；而外来文化则是其他民族的祖先或同时代所创造，是经过文化主体的交往和国与国之间的交流而来的。

故而，本书提出了五分说，即认为当代中国文化生态系统由五个既相互联系但又各有侧重的不同文化圈层构成，这就是主流文化圈层、大众文化圈层、精英文化圈层、传统文化圈层和外来文化圈层。而且，每一个文化圈层又都以不同的形态在社会上存在着，以这样一种板块建构和存在形态的系统描述，也是本书的大胆尝试和探索。

（一）主流文化圈层及其存在形态

当代中国的主流文化就是有中国特色的社会主义文化，是以马克思主义为指导的，以培育有理想、有道德、有文化、有纪律的社会公民为目标的，发展面向现代化、面向世界、面向未来的，民族的科学的大众的文化。换句话说，就是以中国共产党的执政意识形态为主导，以社会主义核心价值为灵魂，代表当代中国社会主旋律，健康向上、文明进步的文化圈层。

主流文化圈层，不仅是当代中国文化生态系统的重要组成部分，而且由于其所占据的主导地位，还在一定意义上决定着当代中国文化生态系统的性质、走向和基本状态面貌。当代中国主流文化圈层作为当代中国文化生态系统的主导和重点部分，主要由理论价值形态、制度政策形态、媒体舆论形态、主题活动形态、文学影视形态、文物遗址形态等组成。

（二）大众文化圈层及其存在形态

有学者认为，"大众文化是在工业化社会中产生的、最初以城市大众为消费对象、通过现代传媒形式传播的、无深度的、可复制的，按照市场规律批量生产的文化现象。它是现代社会快节奏、高效率、便捷、时髦、变动不居的生活方式的体现。"①

笔者认为，当代中国的大众文化圈层是指伴随改革开放过程应运而生的、被广大民众广泛认可的并在社会精神生活中被普遍消费的文化现象。该文化圈层是我国改革开放以来发展最为迅猛并呈现出多元的文化，也是当代中国文化生态中最活跃、最时尚的文化现象。

当代中国的大众文化圈层的社会存在形态主要由反映民意的媒体舆论形态、贴近生活的"网络微信"形态、婚丧节庆的社会风俗形态、热点迭出的文学影视形态、假日繁忙的旅游休闲形态、丰富多彩的社区活动形态等构成。

（三）精英文化圈层及其存在形态

有学者认为，"精英文化是知识分子文化的主要表现形态，是知识分子阶层创造、分享和传播的文化。"②笔者认为，精英文化圈层是指以知识分子为主要生产和传播群体，以超然追求真善美的人类精神和社会整体文明进步为终极目标的文化圈层。该文化往往超然于大众文化的现实和世俗，不拘于主流文化的立场与意志，在创造中推进文化发展，在批判中保持自身独立。

当代中国精英文化圈层，由于许多复杂的原因导致其显得相对薄弱。当代中国精英文化的主要社会存在形态有：学说文献创作形态；媒体教育阐释形态；智库咨询参与形态；社会实践实验形态；等等。即，新文化的创造层面，包括其探索、研究、思想、学说的面世与倡导；文化传播层面，包括学校与社会教育，媒体舆论对新思想、新理论的阐释与推介；决策谏言层面，即通过智库广泛参与各级各类政策的决策咨询；社会调研层面，既包括知识分子的社会调研，也包括其新思想、新理论的社会实验，因为任何新的社会

---

① 邹广文、宁全荣：《当代中国文化形态及其走向》，《北京行政学院学报》2012年第4期。
② 邹广文、宁全荣：《当代中国文化形态及其走向》，《北京行政学院学报》2012年第4期。

治理方式多需要一定的社会试验场。

（四）传统文化圈层及其存在形态

所谓传统文化，是相对于当代文化而言的。有人认为，它是以儒家学说为基本内容，以仁义礼智信为核心价值的文化，是中华民族文明、风俗、精神的总称。本书认为，中华传统文化是以儒家学说为核心，以中国封建社会意识形态为主体而形成的文化总称。其内容基本上可以归纳为三个方面。其一，核心的思想理念。诸如人们常说的仁爱、民本、大同等。其二，传统的思想道德。诸如忠诚、信义、担当、孝悌等。其三，内在的人文精神。诸如中庸、和合、律己、勤俭等。

传统文化圈层的形成和存在是和文化成果相对独立的特性以及我国文化的时间变迁密切相关的，是过往历史积淀的产物。正是因为中国的历史悠久和文化积淀深厚，所以传统文化圈层的存在载体和对人们的影响构成了不可忽视的文化元。而正确面对传统文化恰恰又成为延续中华文化根脉和保持中国民族特色的重要选择。

当代中国的传统文化圈层既是中华文化源远流长的延续根脉所在，也是当代中国文化的民族特色所在，这些被打上鲜明印记的中国元素不仅是中国独一无二的文化符号，而且始终流淌在中华子孙的血液中，使我们无论身处天涯海角，只要看到这些文化符号就会唤起内心的亲切与归属。

当代中国传统文化的社会存在形态主要有：历史文献典籍的保存与传承形态；历史文物遗址的保护与开发形态；传统人文精神的凝练与传承形态；非物质文化遗产保护与传承形态；等等。

（五）外来文化圈层及其存在形态

所谓外来文化圈层，是相对以上中国的本土文化而言的。虽然中国外来文化现象出现的历史相当久远，但却不及近代以来日渐普遍，尤其是对当今中国社会的影响之广泛。最早进入中国的当然是宗教文化。近代以来，伴随着中国国门的被迫打开，西方除了宗教文化的大量输入之外，其他关于民主科学的政治思潮、关于声光电化的自然科学、关于船坚炮利的军事技术、关于油画、歌剧之类的艺术等，也先后进入了中国。尤其是新文化运动后马克思主义的传播，为中国带来了革命的曙光。

改革开放以来，伴随着市场经济的发展和全球化的深入，西方渗透进中国更多的除了相对先进的科学技术和管理文化之外，就是个人主义、自由主义、消费主义等与西方价值相关联的思想文化，而对当代中国社会和人们的生产生活影响最大的则是宗教、互联网及现代信息技术。

当代中国的外来文化圈层也是社会文化生态中比较活跃、比较影响人们生活和生产方式的重要文化圈层之一。其社会存在的形态主要有：思潮文献形态、媒体讯息形态、影视节目形态、生活方式形态、交流体验形态等。

三、当代中国文化的生态关系内涵

从整体来看，当代中国文化的生态关系主要包括六个方面，即文化发展与经济社会发展的对应关系；文化生态内部各个圈层之间的平衡关系；每一文化圈层内各种存在形态之间的结构关系；全社会良性文化与消极文化之间的博弈势能关系；文化主体与现实文化存在的互动关系；文化现状与文化发展走向的逻辑关系。

（一）文化发展与经济社会发展的对应关系

所谓文化发展与经济社会发展的对应关系，即文化生态的外部关系，也可以称作是文化的外部生态。马克思主义唯物论告诉我们，经济基础决定上层建筑。文化作为精神的产物，是与一定的社会经济基础相关联的。一般来说，繁荣的文化一定是以繁荣的经济发展为基础和依托的。也就是说其基本顺序一定是先经济而后文化。但是，文化一旦形成，又会具有一定的独立性和稳定性。所以，成熟的文化一般也不会因政治的变迁或经济的衰落而瞬间销声匿迹，而会以不同的方式继续影响社会与人们。

但是，从总体上看，文化与经济社会发展的关系就像生产力与生产关系之间的关系一样必须不断地相适应，才能保持一种良性的生态，即一方面，社会经济发展为文化发展奠定坚实的物质基础；另一方面，充分的文化发展又能够为经济社会发展提供积极有效的精神引领和强大的智力支持。如果文化发展超越了经济发展的阶段与水平，一定难以长久支撑下去；如果文化发展长期落后于经济社会发展，经济社会发展就会出现畸形或难以健康持续，人们的精神面貌也会萎靡不振，不仅难以感受到精神上的幸福，而且社会的治理也会出现由于人心不稳而导致秩序混乱。

这是因为，从管理学的意义上讲，社会最深层的治理和稳定应当是人心的稳定和对管理规范的高度认同。所谓心治为本，法治为标。当前中国之所以强调要大力繁荣文化建设，就是经过了多年的以经济建设为中心的发展，物质方面取得了长足的发展，但整体文化建设相对滞后，故导致社会出现价值多样和道德失范与滑坡现象，生活富裕给人们带来的幸福感似乎与物质的丰盈程度没能够实现同步。

（二）文化生态内部各个圈层之间的平衡关系

这是文化内部的第一层生态关系，即不同圈层之间的关系。任何一个国家或区域的任何一个时代，其文化生态都可能由不同的文化圈层组成。圈层的多样性与文化生态的丰富性成正比。规律证明，不同文化圈层在整个文化生态中所占的权重从来都不是均等的。哪些圈层应该在整个生态中居于什么样的地位，在生态结构中应当占有多大的权重和比例，发挥什么样的作用，既取决于该圈层自身的社会功能，包括与执政意识的关系，即是否与执政意识形态所倡导的价值存在较大的共性；同时也取决于其与民众生活的关系，即是否属于民众精神生活之必需品；但从根本上说，取决于该圈层体现和弘扬人类终极追求的真善美的程度与层次。

毫无疑问，所有圈层之所以存在是因为各自都具有其存在价值，但价值的大小与重要程度肯定存在一定的差别。改革开放以来，我国文化发展出现了前所未有的现象，其一，原来占绝对主导地位的主流文化因为改革而实际上的权威被逐渐淡化；其二，与市场经济相伴生的大众文化异军突起，快速发展，出现了超出人们想象和政治掌控的状况；其三，伴随改革开放大量涌进国门的外来文化，在人们求异和追求时尚的观念推动下，大量在中国传播，尤其是伴随着信息技术的快速发展，互联网和自媒体文化极大地渗透和改变着人们的生活和生产方式。

（三）每一文化圈层内各种存在形态之间的结构关系

如前所述，所有文化圈层都是以一定的形态存在于社会的，或者说都是以一定的方式或面貌呈现在人们面前的，成为人们存在差异的精神生活喜好的重要选择项。一般来说，社会的人们由于政治立场和文化爱好的不同，他们会分别亲近或疏远某种文化圈层，但即便他们同属一种文化圈层，也会因为生活和修养层次的不同而分别对该文化不同的社会存在形态情有独钟。诸如大众文化，有的人喜欢听看广播、电视、报纸的新闻时政类栏目；而有的人则更为偏爱体育、文艺或其他消遣类的活动。所以对拥有不同文化喜好的人群而言，对应文化形态存在的选择是否丰富，就成为是否满足他们文化需求的重要前提。

就主流文化而言，我们正在面临着一定程度的认同挑战，究其原因，除了文化多元之外，更多的是因为我们服务民众的文化产品或者呈现的文化形式过于单一，或者不够接地气，就像食物一样，老百姓更喜欢家常便饭，而我们提供的则更多是不太合口味的品牌名吃一样。按照文化发展规律，在长期和平环境和文明不断发展的背景下，人们对文化选择的意愿更为多样化，而这种多样的意愿更应当受到社会的尊重和满足，因为文化所拥有的"化人"的功能往往依靠日常生活中潜移默化的春风化雨，而不是居高临下、狂风暴雨般的灌输。

基于这个理念，先进文化要发挥社会引领和育人的功能，就必须深入研究如何以人们喜欢和容易接纳的形态呈现于社会，诸如文学影视形态，文物故事形态，遗址游览形态，等等，让承载着真善美核心价值的文化作品插上亲民与时尚的翅膀，飞翔在人们文化选择的视野里，一定会产生美美与共的效果。

（四）全社会良性文化与消极文化之间的博弈势能关系

任何文化生态系统中不管包含多少文化圈层，也不管不同文化圈层之间如何交叉、渗透，所有文化圈层中都必然包含着相当比例的积极向上的文化要素，也都或多或少地包含一定的消极文化因素。但就文化生态整体来看，或就统治者的主观愿望而言，都不仅希望而且通过各种调控举措，使所有的良性文化因素所体现的正能量能够占据主流，不断地与消极文化因素进行不懈的动态博弈，也只有这样，相应的文化生态才可能是健康的、稳定的、持续的，也才能够为广大民众源源不断地提供真善美的精神食粮，并不断推动人类文明的进步。

从文化发展的历史来看，这种博弈的存在是绝对的，博弈的动态也是永恒的，但博弈的势能却是此消彼长，不断变化的。当代中国就曾经经历过消极文化因素对积极文化形成严峻挑战的过程，而这种生态现象是不健康的，是迫切需要调整的。

（五）文化主体与现实文化存在的互动关系

文化是人类的创造，是人类精神的产物，但文化一旦产生，就会发挥熏陶人类思想并通过这种熏陶在一定程度上影响社会发展的作用。正是从这个意义上说，文化存在的价值或者文化的生命在于能够保持与文化的主体，即人的良性互动。只有不断参与人们精神生活的文化才是充满生机的，蓬勃灵动的，也才能够称之为生动的精神存在。这种文化与主体之间的互动关系，一方面，作为主体的人们在相对应的物质基础上，为了精神生活需要而创造文化，这种创造是积极的、活跃的、卓有成效的；另一方面，文化对人们精神生活的满足是动态的、充分的、无处不在的。凡是良好的生态关系就不应该一方面存在大量无人问津的文化，若是如此，这些文化资源相当于被搁置或者被封冻了，它是完全没有发挥社会功能和缺乏生命力的；而且人们因为文化园地的荒芜而陷入精神饥渴之中，不仅生活和生命质量严重下降，人的全面发展也将受到极大的制约，人类文明进步的步伐也许都会因此停滞乃至倒退。

（六）文化现状与文化发展走向的逻辑关系

众所周知，文化是一条历史的长河，是依靠不断积累而走向丰富和强大的。今天的文化必然是明天文化的昨天和历史。当下文化的内涵、态势或生态状况直接或间接地影响甚或决定明天的文化状态，所以文化生态建设的重要内涵之一，或者重要生态关系的侧面之一就是以当今文化生态的优化，最大限度地保障文化的可持续发展，使之通向一个健康而美好的未来。历史实践反复证明，凡是倡导人类共同追求的真善美的文化占据主导地位而且地位相对稳固，社会其他亚文化丰富多样，不同文化圈层之间的交流、交融、交锋不仅比较活跃而且比较有序，这种文化生态系统的生命力一定是比较强大和能够保持长期良性持续发展的文化。

第三节　当代中国文化生态研究的特点与优势

关注当代中国文化生态研究的特点与优势，不仅仅是充分认识文化生态研究范式的需要，更是通过该研究范式充分观照和满足当代中国文化生态全貌和促进其生态优化的需要。

一、当代中国文化生态研究的特点

文化生态研究是诸多研究范式中的一种。之所以选择这种研究范式，主要就是因为它具有其他研究范式所不具备的特点与优势。而这种特点与优势又恰恰是当今我国文化研究所需要并且有所欠缺的。

本书认为，当代中国文化生态研究范式的主要特点可以归结为整体性特点、多样性特点、协调性特点、持续性特点等方面。

（一）整体性特点

北京大学社会学系高丙中教授认为，"关于文化生态的研究，大致可以分为侧重解释文化变迁的生态学研究和把文化类比于生态整体的文化研究。前者把文化置于生态之中，侧重研究文化演变与生态的其他部分的关系；后者把文化类比于生态一样的整体，虽然也顾及文化与自然的关系，但是侧重于研究文化与社会的关系。"[①]

文化生态研究的整体性特点，是由生态自身的系统性所决定的。因为任何一个系统都是由许多相关的要素元构成的，而每一个要素元自身的发展与变化都会在不同程度上影响和制约整个生态的发展与变化。关注整体性的意义就是：其一，便于全面认识和把握当代中国文化发展的整体状态和程度水平，使之在与其他国家和区域做文化对比中有一个基本的认知。其二，在观察分析局部或个别文化现象时，不会过于孤立、片面地割裂其与所属文化性

---

① 高丙中：《关于文化生态失衡与文化生态建设的思考》，《云南大学学报》（哲学社会科学版）2012年第1期。

质和发展阶段以及与其他文化现象之间的关联性，从而得出相对科学的结论。其三，有利于相对客观准确地评价和发现当前我国文化发展中的优势和短板，从而为文化发展战略的制定以及对策举措的选择提供有效的参考。回顾此前文化研究成果中的确不乏真知灼见，但对当代中国文化现状做出整体描述的还比较鲜见，尤其是当代中国的文化又处在一个不断变革的时代，比一般情况下更需要为人们提供一个相对全面和真实客观的概貌，以便作为我们观察和研究局部文化问题的总体观照和出发点。

（二）多样性特点

众所周知，大凡能够构成生态系统的事物一般来说都是由众多存在差异性的不同种样的类别构成的。而正是由于这些要素元之间的差异性才构成了生态系统的丰富性和活跃性，也往往是因为不同要素元之间的差异性才产生了比较性、互补性、衔接性、变异性，不仅造就了生态的生动和活跃，而且有利于生态自身的稳定和发展。我们常说的"一花独放不是春，百花齐放春满园"就是这个道理。

多样性的存在，是生态系统的必然和必需，所以作为主导文化主体的统治阶层，首先，必须充分尊重文化生态规律，承认文化多样性对人们不同层次文化需求满足的必要性，以及在人类文明发展过程中的必然性。其次，要对主流文化持有足够的自信，确信主流文化能够以自身的先进性和科学性，以及其他文化圈层所不具备的政治和组织优势，去赢得多样性比较中的绝对优势。最后，要对多样性持有足够的包容，从而为之提供相对宽松平和的共存环境，不断用制度和政策的创新，鼓励多样文化各扬其长，各避其短，充分调动各自为文化大花园的丰盛和鲜艳贡献光热的积极性。

（三）协调性特点

协调性在某种意义上也可以说就是共存性、关联性、平衡性和稳定性。

我们经常讲，存在的就是合理的。生态系统中的多样性和差异性决定了协调的必然性和必要性。如前所述，所有生态系统都是由许许多多不同的要素元构成的，只要多样，就存在和谐共存问题。这些不同要素元之间的差异决定了发生冲突的可能性，它们之间的冲突必须被控制在一定的范围内，即系统本身或者作为主体的人会通过一些抑制措施或调和机制，让这些冲突更多地发挥活跃生态或者推动相关要素元变异发展的作用，而限制其破坏生态的作用。故而协调就是和谐共存，就是相互交流、相互补充、相互融合，而不是相互排斥、相互否定。协调并不排斥交锋，但更侧重于不断及时发现生态链条中的薄弱环节予以保护和扶植，从而保证生态系统中的各种关系能够相对平衡和稳定，从而保障整个生态的健康有序。

（四）持续性特点

持续性是个历史的范畴。一般来说，持续性是从时间维度的角度讲的。尽管所有生态都存在一定的生命周期，但这里的持续性特指的是，文化生态的地域性和时效性非常鲜明，而在一般意义上由于文化自身存在的相对独立性和延续性特质，故文化生态的生命力往往在于其持续性。

人类社会发展的实践反复证明，只有生态的，才有可能是持续的，自然界的规律如此，文化发展的规律依然如此。生态之所以具有持续性，是因为通过生态系统能够最大限度地优化文化的生命基因和生存的自然与社会环境；能够最大限度地利用各类具有差异性的"要素元"的不同优势相互弥补、相互支撑；能够最大限度地调动生态系统的综合优势来应对和化解生命过程中所遭遇的困境和挑战，并以此来最大限度地延长生命周期。

二、当代中国文化生态研究的优势

文化生态研究的特点决定其研究的优势。本书认为，当代中国文化生态研究的优势在于，能够整体观照、客观把握文化发展与经济社会发展的关系；便于探寻规律、依照文化内在的本质联系针对性地解决问题；有利于协调平衡、遵循生态要求努力促进各圈层的良性持续等。

（一）整体观照、客观把握文化发展与经济社会发展的关系

由于文化自身的复杂性，尤其是其不同圈层之间相互交融的弥漫性，以及文化与人们之间的交互性，正如苏轼诗所言，"不识庐山真面目，只缘身在此山中"，使人们对文化的认识"见仁见智"，众说纷纭，导致对文化的整体把握望而生畏，裹足不前。生态研究最重要的特点之一就是整体观照，只有站在整体的角度，人们才能最大限度地减少甚至摆脱自身所在文化圈层的局限与困扰，以一种比较冷静与理性的目光，客观地审视文化现象，全面比较整体文化发展状况与经济社会发展状况之间的匹配度，从而发现短板问题，有针对性地提出应对的举措与路径。从历史经验来看，当经济社会发展滞后于文化发展时，文化会因为缺乏经济社会强有力的支撑而产生畸形或边缘化；而当文化发展明显滞后于经济社会的发展程度时，则会产生社会"道德失范"、价值观混乱，人们在物质富有中遭遇着精神匮乏的饥渴，难以享受到应有的幸福。只有在二者相对协调、适应或比较匹配的情况下，经济社会发展的物质成果才能成为文化发展的坚实保障，而文化发展则反过来能够为经济社会的继续发展提供强有力的精神支撑和智力保障。

（二）探寻规律、依照文化内在的本质联系针对性地解决问题

文化发展其实就像经济和其他事物一样，具有其自身内在的规律。承认这种规律，并愿意按照其规律办事，对于当代中国国情下的管理者和文化工作者来讲，都是需要认真反思并不断提高认知水平的。这是因为当代中国的文化是由改革开放前具有浓厚政治色彩的意识形态文化转变而来，而改革开

放前的中国特色文化则是在新中国成立前半殖民地半封建社会文化土壤里成长出来的。

众所周知，中国曾经经历过数千年的封建社会过程，封建社会的文化基本上是封建统治阶级所垄断的。而中华人民共和国成立之后，由于当时所面临的形势十分严峻，外部有帝国主义的严密封锁，内部的敌特、土匪和其他敌视新政权的势力蠢蠢欲动，所以社会文化更多的服务于政治的稳定，再加上计划经济的基础，决定了单一的一元文化局面，文化服务于政治，从属于政治，是当时特殊的国情所决定的，真正意义上的社会文化建设是改革开放之后，随着计划经济基础被改变，文化的社会化才势在必行，应运而生的。就像我国改革开放初期，我们强调必须按照经济规律发展经济一样，我们当下也必须进一步强化以文化规律促进文化发展和管理文化的理念。

至于文化发展的内在规律，既包含宏观的规律，也包含微观的规律。诸如，文化发展必须与经济社会发展相协调的规律，文化多样化规律，不同文化圈层之间的共存、互补、交流、融合规律，文化圈层内部各种存在形态之间的相互支撑、互补共荣规律。"从生态角度研究文化，是文化研究的新领域，有助于我们更好地把握文化的演化规律。"①事实上，处于长期和平建设时期，也只有遵循文化内在规律，才能客观地找准文化发展存在的问题，从而提供具有针对性的、行之有效的解决方案。

（三）协调平衡、遵循生态要求努力促进各圈层的良性持续

不同的文化圈层各有自己存在的价值，因为它们可以满足不同人群的文化需求。这也是生态的多样性规律的必然要求。存在差异的多样性文化，之所以能够在一个文化生态系统中和谐相处，除了他们之间自然存在的相互依

---

① 高建明：《论生态文化与文化生态》，《系统辩证法学报》2005 年第 7 期。

存相互制约的因素之外，必须依靠主流文化或主导文化从尊重文化规律意义上的积极引领和建立积极有效的协调机制，及时发现和不断消除各种文化圈层之间的消极冲突，有效保障各个文化圈层都能够各就其位，各扬其长，各展其用，各亮其彩，共同承担起文化发展繁荣的历史使命，共同为中华文化走向世界贡献力量。

第二章 当代中国主流文化生态研究

第一节 当代中国的主流文化圈层
及其社会形态构成

主流文化圈层是当代中国社会文化生态体系中的核心和导向圈层。厘清其基本概念表达与内涵层次及其社会形态构成，不仅对优化其圈层的生态构成和强化对其他圈层的导向效果具有积极价值，而且对全面认知和掌握当代中国文化体系意义重大。

一、主流文化圈层的概念及其内涵

一般来说，主流文化应当是在相应社会占据统治地位或者是被大多数人们所认知和认同的文化。从文化发展史研究可以发现，人们对一个社会主流文化的认知存在两种理解，一种是由执政集团所主导和倡导的，即以政权或行政的力量推行的文化；另一种是被大多数民众所认可并广为流行的文化。

换句话说，前者属于被执政力量所赋予的主流，或者叫作应然的主流；后者属于在现实中被认可的主流，或者叫作实然的主流。从历史变迁来看，在社会政治发生变迁期间，二者往往会发生分离。但在许多情况下，由于执政的稳定发展和顺应人心，应然的主流会与实然的主流相融合、相统一。本书所指的主流文化更多的是指应然的状况，尽管由于中国改革开放以来，随着主流意识形态的重建，应然与实然的主流曾经存在分离现象，但从发展趋势来看，这种应然与实然的分离状况正在迅速改变，二者正在越来越接近于融合与统一。

关于当代中国的主流文化，俞吾金认为，"如果说中国的主流文化的内涵是什么？那就是'中国化的马克思主义'；如果说当代中国的主流文化的内涵是什么？就应当是'中国特色的社会主义'"。[①]

笔者认为，当代中国的主流文化就是有中国特色的社会主义文化。是以马克思主义为指导的，以培育有理想、有道德、有文化、有纪律的社会公民为目标的，发展面向现代化、面向世界、面向未来的，民族的科学的大众的文化。换句话说，就是以中国共产党的执政意识形态为主导，以社会主义核心价值为灵魂，代表当代中国社会主旋律，始终倡导健康向上、文明进步的文化圈层。

当代中国主流文化的指导思想是马克思主义。即始终依据和遵循马克思主义的基本原理，以辩证唯物主义和历史唯物主义、科学社会主义来解释世界和改造世界的文化，这是当代中国主流文化的本质规定性。当代中国主流文化的育人目标是"四有"，即培育有理想、有道德、有文化、有纪律的公民，这是当代中国文化的基本使命和价值所在。

当代中国主流文化的发展方向是"三个面向"，即面向现代化、面向世界、面向未来，这是当代中国主流文化的发展目标。当代中国主流文化的本质属性是突出民族特色，符合科学精神；其创造主体是人民大众，其存在和发展的价值更是为了不断充分满足最广大人民大众的精神文化需求。

主流文化圈层作为当代中国文化生态系统最重要、也是最核心的圈层构成，其存在和发展的状况如何，毫无疑义地决定着当代中国文化生态系统的

[①]　俞吾金：《当代中国主流文化三论》，《湖北大学学报》2014年第1期。

基本性质、基本走向及其基本状态面貌。也正是从这个意义上，深入探析当代中国主流文化圈层的概念、内涵及其价值定位，客观揭示其社会存在形态，其意义格外重大。

二、当代中国主流文化圈层的社会呈现形态

探索研究和系统表述当代中国主流文化圈层的社会呈现形态，是当代中国文化生态研究的重要使命，但同时也是该研究的一个难点。尝试其符合现实的表述，旨在更全面、更清晰地把握当代中国主流文化的社会存在现状，探寻和发现其社会存在形态的优势和短板，以便有针对性地找寻其促进发展的对策。

归纳表达其存在形态，首先需要明确其归类的原则和方法。本书主要是依据主流文化的创造主体和受众主体及其内容与社会呈现方式等要素分别予以归类。

当代中国主流文化圈层作为当代中国文化生态系统的主导圈层和核心与重点部分，按照其内容和形态呈现的类别可以划分为理论价值形态、制度政策形态、媒体舆论形态、主题活动形态、文学影视形态、文物遗址形态六个方面。

（一）理论价值形态

所谓理论价值形态，是指主流文化现象被理性升华后而形成的体系比较完整、逻辑比较严谨、内容比较科学的理论体系形态，以及其核心观点被凝练成比较简练的核心价值的表达形态。在一定意义上说，是指政治学意义上的政治理论、政治思想、政治价值。

就当代中国主流文化生态之理论价值形态的基本内涵而言，主要包括以"什么是社会主义，怎样建设社会主义"为主题是邓小平理论，以"建设

什么样的党，怎样建设党"为主题的"三个代表"重要思想，以"实现什么样的发展，怎样发展"为主题的科学发展观，新时代中国特色社会主义思想在内的中国特色社会主义理论体系；包括"富强、民主、文明、和谐；自由、平等、公正、法治；爱国、敬业、诚信、友善"表达的国家层面、社会层面、公民层面的建设目标和价值导向在内的社会主义核心价值观等。

就在主流文化所有形态中的价值定位而言，理论价值形态是当代中国主流文化圈层中最核心也是凝练程度最高的部分，也是在改革开放数十年的社会实践中逐步升华形成的中国特色社会主义的思想理论和价值体系的最高成果。

就形态的存在形式而言，诸如各个层级、各种规模的大会报告；各种刊物、报纸的理论文章刊载；各种普及性和研究性的理论专著；各种公共场所主流理论的大幅标语和社会主义核心价值观的文本张贴或者电子屏幕的滚动播出；经年不息的电视、广播、各种形式的互联网终端的相关节目、栏目以及主题内容的制作与播放等。这是具有中国特色的政治文化社会化的直观式正面灌输的传统手段，在中国的革命和建设历史上曾经发挥过巨大社会动员作用。

在该方面，比较具有典型性的当属中共中央宣传部自 20 世纪 90 年代初期开始评选的"五个一工程"中的理论文章类和理论文献片类奖项，它们在某种意义上是当代中国主流文化理论价值形态的代表作。根据中央宣传部、中央文明办主办的中国精神文明网（简称"中国文明网"）公布的数据统计，"在 1993 年至 2017 年间，全国共计 14 届'五个一工程'奖励的评选中，共有 184 篇理论文章和 27 部理论文献片获奖。"①

根据社会调研结果，该形态在广大民众对主流文化的认知渠道中占据大约 30% 以上的比例，属于当前我国主流文化社会存在形态的主要方式之一。

---

① 此数据依据中国文明网公开数据统计。

（二）制度政策形态

所谓制度政策形态，主要是指当代中国以主流理论的价值指向为依据而形成的从国家到地方不同层级的制度体系和覆盖不同领域、不同层次的法律政策体系形态。

就制度政策形态的基本定位而言，既是当代中国主流文化圈层的制度性固化的形态层面，也是主流文化通过制度的设计和构架确立以及政策的规范和引导实现对社会的掌控和巩固其主导地位的重要途径。制度政策形态主要包括以人民代表大会制度为代表的基本政治制度、中国共产党领导下的多党合作的政党制度、当代中国的基本经济制度、基本法律制度、涉及新闻舆论、文化教育管理以及公共文化体系等相关的文化制度等。

制度政策形态的社会体现主要是人们所遵循的社会制度框架和工厂企业、学校、社区、村庄等社会单元的组织方式和交往方式，以及人们在工作、休闲、生活等过程中必须遵守的法令、公约等。

众所周知，制度政策形态作为一个国家和社会的制度性和约束性框架，其对社会主体的导引性和规约性虽然理论上应该在民众的日常生活中无处不在，但由于其具有潜在性和隐匿性的特点，与其他形态相比，缺乏直观的感知性，因此导致人们对其认识感知的间接性。人们可能通过各种惯性渠道接受这些规范，但却未必清楚这些规范确立的依据和确切内涵。本书调研统计结果显示，该形态在民众感受主流文化方式中约占15%的选择比例。

（三）媒体舆论形态

所谓媒体舆论形态，是指主流文化在社会主义的制度框架下和坚持马克思主义意识形态指导的基础上，经常性地通过社会宣传舆论工具，有组织、有目的、有导向、有选择地对社会现象、新闻热点和时事政策进行报道。主要包括每天中央和地方卫视的新闻联播、朝闻天下、午间新闻以及焦点访谈、东方时空等与新闻时政类内容相关的节目。在一定意义上也包括中央和地方各级政府公共网络平台所发布和报道的时政类消息等。

媒体舆论形态是当代中国主流文化圈层的日常化信息氛围营造的层面，也是主流文化通过对社会媒体的掌控，以正面新闻的发布和主流舆论的引导保障其主流和主导地位的重要手段。无论在平时，还是在突发事件期间，牢牢掌控媒体舆论，既是所有执政集团维护和巩固其执政地位的成功经验，也是中国共产党历来坚持的优良传统。

当代中国的媒体舆论工具相对发达，除了传统的各级广播电视、报纸杂志等媒体之外，更多的是互联网终端，包括各级党政机关的官方网络平台、民众手持的手机、平板等自媒体终端。当代中国社会媒体信息的即时性和海量性，决定了所有主流媒体必须始终弘扬主旋律，激发正能量，才能有效引导民众在多元文化选择中坚定正确的政治方向，努力成为中国特色社会主义事业坚定的信仰者和忠实的拥护者。

笔者主持的国家社科基金重点项目组织的实证调研统计结果表明，该形态约占广大民众接触了解主流文化渠道选择的30%，是广大民众日常生活中最经常也是最便捷的认知主流文化的方式。

（四）主题活动形态

所谓主题活动形态，是指当代中国主流文化圈层在特定阶段、针对特定思想理论内容和特定人群进行定向传播的方式，也是比较富有中国特色的主流文化形态侧面。一般都发生在执政理论产生新的飞跃或国家有重大决策确立之时。这是中国传统政治优势延续使然，也是一个社会处于急剧变革过程中的国家统一民众意志的必然选择。

主题活动开展的规律性，一般包括具有里程碑性质的党的代表大会提出的新理论学习专题活动。诸如"三个代表"重要思想学习教育活动；"科学发展观"学习教育活动；以及近年来开展的党的群众路线教育主题活动；习近平新时代中国特色社会主义思想学习教育活动；以及当前正在开展的"不忘初心，牢记使命"专题教育活动等。

主题活动的组织者一般是各级党校、党政机关和学校、企业等主体机构，其受体的对象大多是体制内的党员领导干部、不同行业的骨干人员、知识分子和青年学生群体等。在中国共产党的历史上，始终把两个群体作为进行思想政治教育的重点，一个是党员领导干部，另一个就是广大青少年。其原因是基于党员领导干部队伍是整个执政组织网络的主体和骨干；而青少年群体则是整个国家和民族的未来。

通过主题活动形式进行新思想、新理念的集中性教育灌输，是中国共产党的传统优势，也是富有中国政治特色且行之有效的政治文化社会化的常用手段。据不完全统计，主题活动形态是当代中国民众深入、系统接触和了解认知当代中国主流文化比较重要的途径和渠道。也是当代中国处在快速变动的社会改革背景中，保证广大党员和领导干部能够在基本理论和大政方针方面与党中央达成共识、在行动上保持一致的重要方式。

（五）文学影视形态

所谓文学影视形态，是指社会各种文化生产单位生产出来的并在全社会广泛发行的、鲜明体现和倡导社会主义核心价值观的文学艺术与各类影视作品。当代中国作为主流文化的文学影视形态的代表性作品是历年来中共中央宣传部连续评选的"五个一工程"获奖作品。

由中共中央宣传部组织的精神文明建设"五个一工程"评选活动，自1992年起每年进行一次，评选上一年度各省、自治区、直辖市和中央部分部委，以及解放军总政治部等单位组织生产、推荐申报的精神产品中五个方面的精品佳作。即一部好的戏剧作品，一部好的电视剧（片）作品，一部好的电影作品，一部好的图书（限社会科学方面），一部好的理论文章（限社会科学方面）。并对组织这些精神产品生产成绩突出的省、自治区、直辖市党委宣传部和部队有关部门，授予组织工作奖。对获奖单位与入选作品，颁发获奖证书与奖金。1995年起，将一首好歌和一部好的广播剧列入评选范围，"五个一工程"的名称不变。后来改为每五年两届。诸如，2014年9月公布的第13届精神文明建设"五个一工程奖"评选出2012—2014年间的186部"优秀作品奖"和25个单位的"组织工作奖"。中国文明网的数据显示，迄今为止，在前后14届的"五个一工程"评选中，共有413种图书，220部电影，414部电视剧（片），353部戏曲，238首歌曲，133部广播剧，11部电视纪录片获得"五个一工程奖"。①"五个一工程奖"的评审和导向，旗帜鲜明地彰显了当代中国社会主义主流文化的主导地位和方向引领，为当代中国主流文化的文学影视形态建设发挥了重要的"激励、导向、示范、精品、育才"作用。

文学影视形态是当代中国主流文化圈层引导社会民众的文化艺术欣赏与消费审美的重要形态层面。文学影视是文化层次不断提高的当代中国公民最基本的精神文化产品，也是主流文化与大众文化相对接，或者以主流文化引领大众文化的重要形态之一。

（六）文物遗址形态

以中国共产党革命、建设、改革为主题的文物遗址，是当代中国主流文化圈层的历史精神积淀和物化存在的形态层面，主要是指与中国共产党带领人民在近现代的革命、建设、改革过程中留下来的、具有一定纪念意义的文物和遗迹。其中相关的文物，它们大多陈列在相应的纪念馆、陈列馆和博物馆。诸如中国国家博物馆、军事博物馆等。也有人把从中国共产党成立到新中国成立的28年中所有与新民主主义革命相关的历史遗址称之为"红色文化遗产"，诸如中央革命根据地、红军长征、抗日战争、解放战争等相关的纪念馆、纪念地、纪念物以及所承载的革命精神。作为历史性的遗址，则分

---

① 此数据完全依据中国文明网公开数据统计。

布在全国各地，并被指定为国家级、省级、地市级或者县级保护对象。

"据统计，截至 2017 年 3 月，中共中央宣传部先后分五批公布命名了394 个全国性爱国主义教育示范基地，其中的绝大多数属于红色文化遗址。诸如 2001 年 6 月公布的第二批 100 个爱国主义教育示范基地，全部都是反映中国共产党光辉历史的内容。如果按类别统计，在所有命名的批次中一共有革命纪念馆 89 个，革命人物纪念馆 62 个，革命根据地纪念馆 24 个，革命机关遗址遗迹 31 个，重要会议会址纪念地 20 个，重要历史事件发生地35 个，名人故居 18 个，烈士陵园 68 个，重要的碑匾亭阁 8 个。"①

除此之外，全国各个省、市、县也先后分别公布了相应级别的爱国主义教育基地和文物遗址保护名单。在这些历史遗迹和文物背后承载着先辈们为信仰、为祖国、为人民、为后代甘于艰苦奋斗、流血牺牲的精神，都是当代中国取之不尽的红色文化资源。这些红色文化资源，是当代中国主流文化不可多得、不可复制、不可忽视的重要存在形态。同时也是让当代的党员干部和人民群众以及子孙后代，相对直观地体验和感受主流文化的重要物质载体和文化资源平台。

第二节　中国共产党文化生态思想演进

文化生态，即文化生发和存在的状态，是一种借用生物学的方法探索文化发展规律的文化研究范式。究其特点，一是在于注重对文化的整体性考察，尤其注重对文化与环境、文化类别及其文化现象之间关联性的研究，弥补以往成果过多关注孤立、分散文化现象研究之不足；二是在于从当今中国

---

①　此处数据均来自《人民日报》不同时间的相关文件，刊登时间分别为 1997 年 6 月11 日，2001 年 6 月 12 日，2005 年 11 月 21 日，2009 年 5 月 22 日，2017 年 3 月 30 日。

社会思想文化多元的现实出发，将对文化现象的研究从单一的政治化视角转向多元的社会化视角，还原文化现象成因的复杂性；三是注重探讨找寻文化发展的内在规律。

在文化日益成为我国综合实力的重要组成部分和人们对文化的需求日益增长的当今，按照文化规律促进文化建设就显得特别重要而迫切。尤其面对当前我国主流文化和价值文化生态所存在的困惑而言，由于社会文化思想的多元化，习惯用意识形态视角和政治手段解决意识形态问题已经效果不佳。文化生态的观察视角和研究方法，力图使之回到文化本身，引导社会善于运用文化规律解决文化问题，就像我国在改革开放初期用市场经济的体制改革改变计划经济体制背景下习惯于用政治手段解决经济问题一样。

本书所指的文化生态论域，"是指在特定的地理环境、历史传统和经济发展水平等因素的基础上，文化诸要素之间相互关联、相互作用所呈现出来的具有明显区域和时代特征的整体文化状况。"[①]笔者认为，文化生态的内涵主要由以下侧面构成："第一，整体文化的外部生存条件状况，包括自然条件和社会条件，即文化生存和发展所依赖的社会经济政治等因素构成的外部大环境以及文化在促进社会发展中所发挥的智力支持和精神动力作用状况。第二，在特定区域和历史阶段内各主要文化圈层之间的结构比例与存在状态。即在文化的整体系统中，不同文化种类之间的和谐共存、融合协调和优势互补状态。这种状态既包括文化种类的丰富多样，不同文化种类所应有的相对发展空间；也包括文化圈层之间相互支撑、相互补充、和谐共生、良性持续的整体态势。第三，主要文化圈层的存在形态和发展趋势，即不同文化圈层各自的历史沿革、发展轨迹、发展规律、存在态势以及发展趋势。第四，整个社会的良性文化对消极文化博弈竞争的态势和能力。或以主流文化

---

① 管宁：《文化生态——与现代文化理念之培育》，《教育评论》2003年第3期。

为核心的健康文化对各种文化污染的有效控制机制和控制能力等。"①

笔者通过系统考察中国共产党的历届主要领导人对文化问题的有关论述，梳理其文化生态思想演变的轨迹。需要说明的是，文化生态概念是近年才被引入研究视野的，之前的领导人不可能讲过相应的原话，但是他们在探讨文化建设规律的过程中，却都不同程度地揭示了文化生态的理念和规律。同时，文化生态命题是与党的执政地位和执政范围密切相关的，本节涉及的是从延安局部执政到新中国成立至今历届国家领导人的有关思想理念。

一、从延安局部执政到改革开放前毛泽东文化建设思想蕴含的生态理念

毛泽东作为一代伟人，在领导中国革命和探索社会主义建设规律的过程中，对文化在革命和建设中的地位与作用认识深刻。先后提出了一系列至今仍然是我国文化建设重要原则的文化观点，蕴含着丰富的生态理念。

（一）"艺术源于生活，更高于生活"，体现了文化与经济社会协调发展的生态理念

"艺术源于生活，更高于生活"，来自毛泽东《在延安文艺座谈会上的讲话》中相关思想的概括。该论断阐明了艺术与生活的关系。毛泽东指出，"一切种类的文学艺术的源泉究竟是从何而来的呢？作为观念形态的文艺作品，都是一定的社会生活在人类头脑中的反映的产物。"②同时，艺术还高于生活。这主要在于它"反映出来的生活却可以而且应该比普通的实际生活更

---

① 该部分有关文化生态的学理阐释参见笔者发表在《河南师范大学学报》（哲学社会科学版）2014 年第 1 期专稿《当代中原文化生态研究论纲》相关内容。

② 《毛泽东选集》第三卷，人民出版社 1991 年版，第 860 页。

高，更强烈，更有集中性，更典型，更理想，因此就更带普遍性。"①

尽管当时毛泽东强调的是无产阶级革命文艺与资产阶级、封建主义的风花雪月、才子佳人、无病呻吟的"闲人"文学的根本不同，认为丰富多彩、如火如荼的社会现实生活是艺术家们创作艺术作品的深厚土壤和灵感源泉，但事实上该论断也反映和揭示了文化必须与社会生活现实相适应的外部生态规律。即文化如何反映社会现实，高于现实，通过对美好精神境界的憧憬和赞扬，达到有效凝聚社会正能量、积极促进经济社会发展的目的。因为只有真实反映社会现实，同时又能准确揭示事物本质的作品，才能让读者产生亲切感，发挥对人们的鼓舞和引领作用，从而促进经济社会的发展。

（二）"古为今用，洋为中用"，体现了对不同时空的优秀文化传统和文化元素的继承与借鉴的生态思想

毛泽东曾在 1956 年 8 月《同音乐工作者的谈话》及后来其他场合的讲话中，多次阐述了正确对待古今中外文化成果的"古为今用，洋为中用"思想。他指出："向古人学习是为了现在的活人，向外国人学习是为了今天的中国人。……这不是什么'中学为体，西学为用'。'学'是指基本理论，这是中外一致的，不应该分中西。"②"古为今用"是正确对待历史和传统文化的科学态度。毛泽东强调对待传统要作具体分析，要把封建主义的东西与非封建主义的东西区别开来。他认为，即便封建主义的东西也不全是坏的，当其还在发生、发展的时候，它有许多东西还是不错。应当批判地利用封建主义的文化，应注意吸取其精华，剔除其糟粕，发展社会主义新文化。"洋为中用"是对待外国文化的科学态度。毛泽东指出，近代文化，外国比我们高，要承认这一点，我们要学习外国的好东西。对外国的东西一概排斥，或

---

① 《毛泽东选集》第三卷，人民出版社 1991 年版，第 861 页。
② 《毛泽东文集》第七卷，人民出版社 1999 年版，第 82 页。

者全盘吸收，都是错误的。

"古为今用，洋为中用"，是对待文化的历史和辩证唯物主义态度，同时也揭示了文化生态中关于同一空间场域不同历史阶段的文化要素之间形成继承关系的生态规律和同一历史阶段不同空间场域的文化要素之间借鉴互补的生态规律。因为人类社会对文化的创造和积累是一个长期缓慢的过程，文化的继承和传递，记录了人类文明发展的脚步。纵向的文化生态，汇成了文化发展的历史长河。后人们必须以科学的扬弃精神，善于从前人所积累的文明成果中学习和借鉴，才能不断丰富人类文化的宝库。横向的文化生态，构成了千姿百态、异彩纷呈的断代文化状态。富有民族特色和区域色彩的文化，各自拥有独到的风格和韵味，只有互相尊重、互相交流，才能互相借鉴，共同汇成人类文化的和谐交响。

（三）"为人民服务，为工农兵服务"，体现了大众价值定位的文化生态思想

20世纪40年代初，毛泽东发表了著名的《在延安文艺座谈会上的讲话》，提出了文艺"为人民大众服务，为工农兵服务"这一党关于文艺工作的基本方针。1980年7月26日，《人民日报》社论重提"二为方向"。即"文艺为人民服务、为社会主义服务"[1]。为人民服务，体现了社会主义文化依靠人民创造和造福于民的本质内涵。为社会主义服务，指明了文化发展应坚持的方向和推进中国特色社会主义现代化建设的价值功能，体现了党的文化方针的与时俱进。

尽管这一论断当时强调的是无产阶级文化所内含的阶级性立场，彰显的是革命文化在组织和动员人民群众投身革命洪流中的重要作用。在当今时代，尽管社会已经发生了重大变革，但党为人民服务的根本宗旨始终没有

---

① 《文艺为人民服务、为社会主义服务》，《人民日报》1980年7月26日。

变，文化为广大人民群众服务永远是文化建设的重要方针和基本原则，体现了文化发展的大众价值取向的生态规律。历史唯物主义认为，人民群众是历史的创造者，也是文化的创造者。文化只有被大众所接受，才能变成改造社会的动力。同样，文化只有被人民大众所享有，才能展现其巨大的生命力，才能发挥其巨大的社会功能，呈现蓬勃繁荣的发展状态。社会主义文化只有在为人民带来生活动力、精神愉悦、素质拓展、人生价值实现的同时，注重增强自身的先进性、代表性和社会影响力，在赢得人民的尊重和喜爱的同时，不断提升和巩固自身的主导地位。

（四）"百花齐放，百家争鸣"，体现了倡导多样和竞争的文化生态思想

1951年，毛泽东为中国戏曲研究院题词"百花齐放，推陈出新"[①]；1953年，就中国历史研究问题提出了"百家争鸣"的主张；1956年毛泽东指出，"艺术问题上的百花齐放，学术问题上的百家争鸣，我看应该成为我们的方针"[②]；即"在文艺创作上，允许不同风格、不同流派、不同题材、不同手法的作品同时存在，自由发展；在学术理论上，提倡不同学派、不同观点互相争鸣，自由讨论"[③]。从当时看，"双百"方针揭示的是文艺发展的内在规律。创作自由是文艺工作的基本规律，"双百"方针是实现创作自由的根本保证。故"双百"方针的提出是对新中国成立初期单一意识形态条件下文化繁荣的倡导，是对社会主义条件下学术文化发展规律的初步探索，也是对当时背景下文化作品创作主体参与文化建设积极性的鼓励，所体现的文化生态精神更难能可贵。

百花齐放倡导的是文化样态的多样化发展。文化发展的历史证明，文化

---

① 《建国以来毛泽东文稿》第二册，中央文献出版社1988年版，第222页。
② 《毛泽东文集》第七卷，人民出版社1999年版，第54页。
③ 《陆定一文集》，人民出版社1992年版，第502页。

的多样化，首先，体现了特定社会形态和区域文化产生和发展环境条件的相对宽松和适宜；其次，体现了文化的源流和种群具有较好的继承和保护的传统，具有孕育新的文化品种的机制；再次，文化的多样化可以满足全社会不同层次人群的差异性需求，具有存在和延续的功能和价值；最后，文化的多样化可以保持文化品种之间的相互交流和互补，促进整个文化生态的稳定和良性持续。

百家争鸣倡导的是学术的探索规律，真理应当在讨论和竞争中胜出，并赢得共识。人类的思想发展史证明，学术百家的存在是真理萌芽和成长的深厚学术土壤，而真理的地位和公认度并不是靠行政命令或某种组织权威而建立的，而是在学术争鸣中自然胜出的。同时，百家争鸣还揭示了文化发展过程中优胜劣汰和竞争性的生态规律。首先是社会氛围对文化争鸣的容许；其次，不同观点之间的讨论和交锋，是学术发展过程中相互补充和矫正偏差、不断完善的重要途径；最后，尊重文化竞争规律本身就是一个社会文明发展的重要标志。这是因为，能够科学区分政治与学术的界限，不以某种行政权威和学阀权威压制正常的学术争论，是一个社会政治和学术民主达到较高水平的重要体现。

二、改革开放以来历代党的领导人的文化建设思想及其生态理念

起始于20世纪70年代末的改革开放，极大地改变了我国社会经济和文化发展的制度和观念环境。自此至今，历代党的领导人，面对新的文化发展现实，提出了一系列蕴含丰富生态理念的文化建设思想。

（一）邓小平文化建设思想中蕴含的生态理念

邓小平作为中国改革开放的总设计师，在推进中国改革开放、发展社会

生产力的过程中，非常重视探索文化现代化建设的规律，其有关论断蕴含着一系列文化生态理念。

1."两个文明一起抓，两手都要硬"，揭示了文化应与经济社会发展相协调的文化生态理念。早在 1980 年，邓小平就指出："我们要建设的社会主义国家，不但要有高度的物质文明，而且要有高度的精神文明。所谓精神文明，不但是指教育、科学、文化（这是完全必要的），而且是指共产主义的思想、理想、信念、道德、纪律，革命的立场和原则，人与人的同志式关系，等等。"①

这里需要说明的是，其一，当时的精神文明概念所指的就是文化建设的内涵，尤其是指思想道德建设；其二，当时提出该论断的背景是针对开放初期过于注重经济发展而导致的精神文化缺失而言的。但这个观点却清晰地揭示了文化建设必须与经济社会发展相协调的外部文化生态理念。众所周知，经济社会发展能够为文化发展提供必要的物质基础，但与此同时，文化发展反过来则可以为经济发展提供重要的智力支持和精神动力，对经济发展的社会人文环境、人力资源素质、企业管理效益、经济结构优化等提供内涵支持。两个文明一起抓，就是强调精神文化发展应当与经济社会发展相协调，尤其是人的现代化和社会整体文明程度的同步提高。

2.文化建设的根本任务是培育"四有"新人，揭示了文化本质功能的生态理念。文化是人类社会文明积淀的产物，无论是以人文精神形态存在，还是以社会风尚形态存在，其本质都在于陶冶人和造就人。邓小平明确提出社会主义文化建设的根本任务就是培养"有理想、有道德、有文化、守纪律"②的一代新人，成为社会主义文化建设的重要内涵之一。尽管他当时提出这一命题的背景在于意识到我们当时由于过于重视发展生产力，一度弱化了社会

---

① 《邓小平文选》第二卷，人民出版社 1994 年版，第 367 页。
② 《邓小平文选》第三卷，人民出版社 1993 年版，第 209 页。

的精神文化引导，故强调要加强对广大青少年的思想道德教育，但却也揭示了文化存在的社会价值就是"化人"的生态本质。

这是因为，所有文化都是人类在从事物质和精神活动过程中创造出来的。文化的本质功能就在于将自然人或生物学意义上的人，熏陶或浸润成为社会学意义上的人。即，只有产生影响人、造就人的良好效益，才能最大限度地体现其存在的社会价值，也才能够被代代相传和发扬光大。

3. 文化建设要坚持"三个面向"，揭示了现实开放的文化生态理念。教育是文化的重要组成部分。1983年，邓小平在为北京景山学校题词指出："教育要面向现代化，面向世界，面向未来"。历史唯物主义认为，所有的文化都是历史的、具体的，都是特定时间和空间中经济社会发展的必然产物。社会主义现代化是中国社会发展的主题，文化只有围绕和服务于当时当地经济社会发展的中心任务，才能不断促进文化的传承和创新，使文化鲜活地存在于人们的现实生活中，并为人们创造新生活提供动力和参照。

当今的世界处在一个全球化的时代，快速发展的信息通信技术使国家与国家之间、地区与地区之间的文化交流显得特别的便捷和迅速。交流是文化发展的活水源头，面向世界，不仅是中华文化走向世界的必由之路，也是社会主义文化能够广泛地吸收和兼容其他文化的长处和精华，始终保持其先进性和竞争优势的必然选择。文化的生命力有赖于对未来社会的向往和与时俱进，竞争性是文化生态的基本规律之一，所有文化时刻面临着优胜劣汰的前途命运，当今社会的发展日新月异，只有面向未来，科学把握社会发展的规律，社会主义文化才可能因为具有前瞻性而赢得世界范围的生态优势。

（二）江泽民的文化建设思想中蕴含的生态理念

江泽民同志执政于世纪之交。面对当时中国文化发展的新问题和新特点，提出了诸如"建设有中国特色的社会主义文化""党要始终代表先进文化前进的方向"等重要命题，促进了我国文化建设的继往开来。

1."建设有中国特色的社会主义文化"，揭示了建立区域优势的文化生态理念。尽管"建设有中国特色的社会主义"提出于邓小平时代，但江泽民是第一个提出"建设有中国特色社会主义文化"的领导人，也是第一个将文化建设同经济建设和政治建设并列的领导人。文化生态都具有一定时间和空间的特定性。时间意义上的生态体现文化的持续发展状态，空间意义上的生态体现文化发展的多样性和特色性。

文化发展历史证明，只有民族的，才是世界的。中国特色的社会主义文化是中国特色社会主义事业的重要组成部分。江泽民同志这一论断的提出，为文化建设规定了更为明确的发展方向和更为准确的发展定位；开辟了更为广阔的发展空间和民族化的发展道路。引领当代中国社会主义文化突出民族化和区域化的特色和优势。建设中国特色的社会主义文化，既是中国模式社会主义的典型代表，也是对世界社会主义的历史担当，更是对西方主宰话语权的文化生态的改善和优化。

2."党要始终代表先进文化的前进方向"，揭示了文化生态的良性持续理念。2000 年 2 月，江泽民在广东视察工作时提出了"三个代表"重要思想，其中关于"党要始终代表先进文化的前进方向"的论断，明确揭示了文化生态的良性持续理念。文化历来就具有先进与落后之分。代表先进文化的前进方向，不仅是社会主义文化性质的必然要求，更是当代共产党人的历史使命。也唯有如此，社会主义文化才能彰显出资本主义不可比拟的优势和生命力。

如何担当这一重大历史使命，江泽民提出了"必须以科学的理论武装人，以正确的舆论引导人，以高尚的精神塑造人，以优秀的作品鼓舞人"[①]的实践推行路径。要求充分发挥主流文化的科学理论形态、媒体舆论形态、人文精神形态、文学影视形态等方面的正面引导作用，不断铸就先进文化的内涵

---

① 江泽民：《论党的建设》，中央文献出版社 2001 年版，第 125 页。

优势，以便以自身的内在优势不断巩固和扩大在全社会的吸引力、影响力和引领力。

3."弘扬主旋律，提倡多样化"，揭示了稳定有序、丰富多彩的文化生态理念。随着我国改革开放的不断深入，社会经济成分、社会组织、分配方式的多样化，不可避免地带来思想文化的多样化。但社会主义国家的性质决定了多样文化之间不是同等权重和无序的关系，而是一元主导，多元共存。作为主导的是以马克思主义为指导的社会主义主流文化，而大众文化、传统文化、精英文化和外来文化则都是当代文化生态中不可或缺的成分，是对主流文化的补充和丰富。江泽民1994年在全国宣传思想工作会议上指出："弘扬主旋律、提倡多样化，是坚持'二为'方向和'双百'方针的具体体现。"①

突出主旋律，既是决定文化发展方向、性质和内涵的根本原则，也是引领其他文化健康发展的必由之路。历史经验证明，只有坚定地弘扬主旋律，文化发展才能始终不偏离正确的方向，社会局面才能稳定有序，整个文化生态才能健康持续。而倡导多样化，既是对主流文化发展的丰富和支撑，也是不断满足广大人民群众不断增长的多样化文化需求的必然要求。

（三）胡锦涛文化建设思想中蕴含的生态理念

胡锦涛同志执政的时间段恰逢我国经济社会发展面临战略机遇期和矛盾凸显期。建设和谐社会迫切需要文化功能的充分发挥。在科学发展观的指导下，"建设和谐文化""繁荣哲学社会科学"等生态文化理念应运而生。

1."建设和谐文化"体现了文化协调发展的生态理念。2004年党首次提出了建设社会主义和谐社会理念。2006年，胡锦涛在中国文联第八次全国代表大会讲话中指出"和谐文化既是和谐社会的重要特征，也是实现社会和谐的精神动力。建设和谐文化，是构建社会主义和谐社会的重要任务，也是

---

① 江泽民：《论党的建设》，中央文献出版社2001年版，第134页。

构建社会主义和谐社会的重要条件。"① 这一论断，深刻阐释了"和谐文化"与和谐社会建设的内在关系。

笔者认为，所谓和谐文化，事实上就是思想认识共识度的达成问题。只有"心平"，才能"气和"。只有思想观念的相近相同，才能在行为选择上同心协力。在文化生态的意义上，"和谐文化"是实现文化和谐的功能借助、路径选择和状态呈现。而文化之间的和谐不仅是社会最根本、最内在的和谐，也是文化生态良好的重要体现。因为良好文化生态的主要特征就是丰富多彩、活跃繁荣、和谐稳定、良性持续。

2."繁荣哲学社会科学"体现了文化均衡发展的生态理念。2004 年，中共中央颁发了《关于进一步繁荣发展哲学社会科学的意见》，认为"哲学社会科学的研究能力和成果是综合国力的重要组成部分。繁荣发展哲学社会科学事关党和国家事业发展的全局"。是年 5 月 28 日，胡锦涛在中共中央政治局第十三次集体学习时指出，"哲学社会科学的发展水平，体现着一个国家和民族的思维能力、精神状况和文明素质"②。

改革开放以来，为了服务经济社会发展，自然科学被提上了重要位置得到全社会的重视，而社会科学则在一定意义上被忽视和边缘化，导致社会人文精神和道德养成的弱化，产生了文化生态的严重失衡。倡导繁荣发展社会科学，从社会发展阶段和发展程度意义上讲，既是当时我国经济社会发展的时代呼唤，是对哲学社会科学所蕴含的社会文化功能的重视。诸如与此直接相关的执政党执政效能、公民素质效能、民族凝聚力效能、社会管理效能等。同时更是对上述过于重理轻文的畸形文化生态状况的及时矫正。因为只有更为协调的文化生态才能产生更好的支撑支持经济社会内涵式发展的社会效益。

---

① 《十六大以来重要文献选编》（下），中央文献出版社 2008 年版，第 753 页。
② 《胡锦涛在中共中央政治局第十三次集体学习时强调始终坚持马克思主义的指导地位大力推进哲学社会科学繁荣发展》，《人民日报》2004 年 5 月 30 日。

3."社会主义核心价值观"体现了建立内涵优势的文化生态理念。党的十八大对社会主义核心价值观做出了新的概括。即"富强、民主、文明、和谐；自由、平等、公正、法治；爱国、敬业、诚信、友善"，明确了国家建设的价值目标、社会建设的价值取向和公民素质要求的价值准则。社会主义核心价值观，是当代中国社会价值的集中体现，也是中国改革开放四十余年社会主义思想文化发展的最新和最有代表性的成果，还是对社会主义内涵的重要拓展，是在继"思想体系""实践运动"和"社会制度"基础上的"价值观念"内涵，也是中国人民为人类文明宝库所增添的创造性思想贡献，标志着中国特色的社会主义文化形态的完备形成。价值文化是文化的内在灵魂和最高层次，社会主义核心价值观是当代中国主流文化所倡导的价值目标的高度凝练和准确表达，既指引着当代中国文化发展的方向，也规定着当代中国文化发展的性质，更决定着当代中国文化发展的状态和水平。集中体现了建立内涵优势的文化生态理念，也成为进一步优化当代中国和世界文化生态的重要思想武器。

（四）习近平文化建设思想蕴含的生态理念

习近平总书记执政于我国即将建成小康社会的关键时期，文化小康势在必行。鉴于文化软实力已经成为国家综合国力竞争的重要组成部分、我国的主流意识形态遭遇西方文化渗透和价值多元的严峻挑战、经济结构转型升级、人民精神文化需求快速增长，迫切呼唤文化生态的进一步优化。

1.强调文化时代价值的优化外部文化生态理念。习近平同志高度重视文化的重要作用，早在 2005 年就指出："文化的力量，或者我们称之为构成综合竞争力的文化软实力，总是'润物细无声'地融入经济力量、政治力量、社会力量之中，成为经济发展的'助推器'、政治文明的'导航灯'、社会和谐的'黏合剂'"[①]。这一论断用通俗、形象的比喻，充分肯定了当代中国文

---

① 习近平：《之江新语》，浙江人民出版社 2007 年版，第 149 页。

化的社会价值功能。我国经历了40多年的快速发展，生产力水平已经达到了一个相应的高度，成为世界第二大经济体，人均国民收入早已突破6000美元，但文化发展的程度和水平与发达国家同期相比，相对滞后。即存在文化发展与经济社会发展不同步、不协调的生态现状。中国的国情实践证明，党和国家的主要领导人对文化价值作用的高度肯定，既能够引领全社会的共识，又能通过政策的制定为文化发展创造良好的外部环境，加大经济社会对文化发展的支持和投入，尽快改变当前我国文化发展相对滞后于经济社会发展的不良外部生态。

2. 强调坚守意识形态阵地的主导性文化生态理念。"文化是意识形态的基础和载体，意识形态是文化的核心和灵魂"[1]。基于当代中国思想文化多元多变的复杂现状，尤其是意识形态领域面临的严峻挑战，习近平总书记旗帜鲜明地提出要坚守意识形态阵地，明确意识形态工作的根本任务是"两个巩固"，即"巩固马克思主义在意识形态领域的指导地位；巩固全党全国人民团结奋斗的共同思想基础"。强调意识形态工作的关键是"四个讲清楚"，即讲清楚国家民族的历史传统、文化积淀、基本国情、道路特色等。要求宣传思想部门要"守土有责、守土负责、守土尽责"[2]。这是针对我国当前意识形态工作现实而提出的重要论断，体现了文化生态的主导理念，为引领我国文化建设朝着正确方向健康发展、进一步优化主流文化生态提供了方向、重点、动力和保障。

3. 倡导重视传承传统文化的持续性文化生态理念。文化作为人类文明的积淀，具有跨时代的持续性特征。中华民族拥有五千年的文明史，传统文化积淀深厚，是当今文化建设的优势资源。习近平总书记特别强调中华传统文化对社会主义核心价值观的涵养，2013年在会见第四届全国道德模

---

① 刘春田、马运军：《习近平文化建设思想初探》，《求实》2015年第3期。

② 《习近平谈治国理政》，外文出版社2014年版，第156页。

范的讲话中指出，弘扬社会主义核心价值观必须立足中华优秀传统文化。牢固的核心价值观，都有其固有的根本。抛弃传统、丢掉根本，就等于割断了自己的精神命脉。大力弘扬以爱国主义为核心的民族精神和以改革创新为核心的时代精神，深入挖掘和阐发中华优秀传统文化讲仁爱、重民本、守诚信、崇正义、尚和合、求大同的时代价值，使中华优秀传统文化成为涵养社会主义核心价值观的重要源泉①。这一命题体现了传承文化传统的持续性生态理念，是对文化发展根脉相承内在规律的尊重和弘扬，使中国特色社会主义文化大树根植于传统文化的沃土之中，体现鲜明的中国风格和中国气派。

4.倡导扩大文化对外交流的对等性文化生态理念。由于复杂的历史、政治以及信息不对称等原因，国际社会对中国快速发展产生了种种看法，尤其是负面的形象扭曲。针对这种国际文化生态的失衡，习近平总书记提出要扩大文化对外交流，"着力打造融通中外的新概念新范畴新表述，讲好中国故事，传播好中国声音。"②塑造中国形象，努力展示中华文化的独特魅力。并提出"文化交流需要超越偏见和误解"③，认为"文明因交流而多彩，文明因互鉴而丰富。文明交流互鉴，是推动人类文明进步和世界和平发展的重要动力"④。尤其是在访问国际教科文组织的讲话中指出，文明是多彩的、文明是平等的、文明是包容的，理直气壮地代表源远流长的中华文化和社会主义思想体系发声，这对改善当代国际西方文化霸权笼罩下的不正常文化生态，促进世界文化生态平衡具有重要意义。

---

① 《习近平谈治国理政》，外文出版社 2014 年版，第 163—164 页。

② 《习近平谈治国理政》，外文出版社 2014 年版，第 156 页。

③ 习近平：《加强文化交流促进世界和平——在第六十一届法兰克福国际书展开幕式上的致辞》，《人民日报》2009 年 10 月 14 日。

④ 习近平：《加强文化交流促进世界和平——在第六十一届法兰克福国际书展开幕式上的致辞》，《人民日报》2009 年 10 月 14 日。

三、中国共产党文化生态思想演进的简单结语

系统考察上述党的历届领导人关于文化建设的思想及其蕴含的生态理念，我们可以得出如下结论：

第一，问题意识是党的文化生态思想演进的活水源头。领导人对所处时代文化问题的思考和命题，无不体现着浓厚的问题意识。马克思主义理论发展史证明，关注现实问题是科学理论产生的重要前提条件。同时，正视时代提出的尖锐问题，努力探索科学的答案和破解的对策，则是执政责任和执政能力的重要体现。马克思主义也正是在不断回答时代新问题的过程中实现民族化和创新发展的。

第二，继承创新是党的文化生态思想演进的内在脉络。当代中国文化发展的国情基础是既定的，文化生态优化的规律是客观的。历届领导人在探索过程中，重要的理念几乎是一脉相承的，但表达方式却是各具特色。诸如：毛泽东用百花齐放表达文化生态的丰富繁荣，而当代则用"多样化"来表达；而当年的"坚持社会主义方向"，当代则表达为"弘扬主旋律"。当然，每个时代也都有其独到的内容创新。诸如"代表先进文化前进方向""建设和谐文化""文明的多彩、平等、包容"等，体现了其原则的继承，内容方式的创新。

第三，战略自觉是党的文化生态思想演进的递进主线。文化生态的整体性特点蕴含于文化发展的宏观战略之中。支撑文化发展战略的思想基础是对文化社会功能的充分认识。综上所述，每一位领导人都从不同角度肯定了文化的社会价值。其认识层次不断升华，促使文化从计划经济体制下更多地为政治服务，到当今时代不断满足人民群众的精神需要，成为国家综合实力的重要组成部分。历代领导人的文化战略自觉不断增强。从两个文明一起抓，到科教兴国、人才强国，建设创新型国家和社会主义文化强国，凸显了党的文化生态思想演进的主线。

第三节　社会主义核心价值观的民族文化根脉与特色内涵

"倡导富强、民主、文明、和谐，倡导自由、平等、公正、法治，倡导爱国、敬业、诚信、友善，积极培育社会主义核心价值观"是党的十八大报告第一次明确提出来的。近年来，党和国家始终把培育和践行社会主义核心价值观作为思想文化领域的重点工作，高度重视。这是基于社会主义核心价值观既是当代中国社会主流价值的高度概括和集中体现，也是中国改革开放 40 多年来在经济始终快速发展的基础上社会主义思想文化发展所取得的最新、最有代表性的成果；同时也是对社会主义概念内涵的重要拓展。即，在继过去认为社会主义是一种"思想体系"、一种社会"实践运动"和一种"社会制度"的基础上，增添了还是一种"价值观念"的重要内涵。这一内涵的拓展，使社会主义作为一种人类的信仰的价值更为明确和坚实。

在这一前提下，社会主义核心价值观就不容置疑地成为凝聚全党和全国人民的意志心力，共赴民族复兴大业，实现中国梦的重要精神旗帜；也当之无愧地成为中国人民在继承弘扬中国优秀传统文化基础上，科学借鉴人类优秀文明成果而为人类思想文明宝库中所增添的创造性思想贡献。但是，由于来自国际与国内、历史与现实等一系列复杂的原因，社会主义核心价值观自提出以来遭遇了来自不同方面的误解、质疑甚至诋毁。一些西方敌对势力自作多情地认为这 24 字的表达是抄袭和认同了西方所谓的普世价值观念，是他们西化战略所取得的重大成功。国内也有一些学者和青年，对其概念之内涵存在这样和那样的误解，或认为是表面化或简单地套用了西方相应的词义，或认为这些词汇缺乏中国特色，等等。凡此种种，都对社会主义核心价值观的培育和践行产生了一系列不利的影响。

中共中央、国务院 2017 年印发了《关于实施中华优秀传统文化传承发展工程的意见》（以下简称 2017 年《意见》）。其中指出，"高举中国特色社会主义伟大旗帜……坚持以社会主义核心价值观为引领，坚持创造性转化、创新性发展，坚守中华文化立场、传承中华文化基因，不忘本来、吸收外来、面向未来，汲取中国智慧、弘扬中国精神、传播中国价值，不断增强中华优秀传统文化的生命力和影响力，创造中华文化新辉煌。"① 本书以 2017 年《意见》精神为背景，旨在从社会主义核心价值观的中华传统文化根脉传承及其当代中国特色的丰富内涵的视角进行阐释，在以正视听的同时也为中华优秀传统文化的时代弘扬尽一丝绵薄之力。

2014 年 2 月，习近平同志在中共中央政治局第十三次集体学习时的讲话中指出，"培育和弘扬社会主义核心价值观必须立足中华优秀传统文化。牢固的核心价值观，都有其固有的根本。抛弃传统、丢掉根本，就等于割断了自己的精神命脉。""大力弘扬以爱国主义为核心的民族精神和以改革创新为核心的时代精神，深入挖掘和阐发中华优秀传统文化讲仁爱、重民本、守诚信、崇正义、尚和合、求大同的时代价值，使中华优秀传统文化成为涵养社会主义核心价值观的重要源泉。"②

众所周知，中华古代的传统文化是儒、释、道文化的综合体。曾历经数千年的发展和沿革，不仅是一座内涵丰富、博大精深的人文精神遗产宝库，也是公认的人类发展史上历史最悠久、积淀最深厚的思想文明成果之一。笔者认为，中华传统文化不仅是涵养社会主义核心价值观的重要思想文化资源，更是其产生和形成的重要文化基因，是其重要的民族文化源流根脉。厘清中华传统文化与社会主义核心价值观之间的内在联系，不仅对促进其涵养和培育意义重大，而且对于凸显当代中国文化的民族特色，增进国内外认

---

① 《中共中央办公厅、国务院办公厅颁发关于实施中华优秀传统文化传承发展工程的意见》，《人民日报》2017 年 1 月 26 日。

② 《习近平论中国传统文化——十八大以来重要论述选编》，《党建》2014 年第 3 期。

同，尤其是对唤醒广大民众对社会主义核心价值观的文化亲近感具有更为现实的意义。

一、中华传统的家国情怀与"和合"理念是社会主义核心价值观关于国家价值目标的思想文化根脉与民族特色

中华传统文化中富有家国情怀、崇尚国家统一的文化理念和"天下兴亡，匹夫有责"的担当意识，以及"天下为公"的政治信仰，"民惟邦本"的为民情怀，"和而不同"的处世智慧，为当今社会主义核心价值观关于国家价值目标的产生和形成提供了丰富的民族文化营养基。

（一）"富强"的世代期盼

一般来说，追求富强是所有国家的共同价值目标。但中华文明之所以成为世界四大文明古国中历经数千年风雨却唯一不曾中断的文明，与其追求统一富强的民族文化传统密切相关。《管子·形势解》指出："主之所以为功者，富强也。故国富兵强，则诸侯服其政，邻敌畏其威。"[①]在数千年的历史演变过程中，中华民族也曾经多次经历版图被分裂、汉文化传统被中断的危机，但汉文化深厚的底蕴又总是能够以其内在的文明感召力使之化险为夷，重新成为文化主流。我们的先贤们早就描述过关于"小康社会"的美景，也殷切地期待着"世界的大同"。因此可以说，国家的富裕强盛不仅是中华民族的世代期待，更是中华民族历朝历代仁人志士矢志不渝努力的目标。

当今中国人民所追求的富裕强盛是指综合国力的强大和中国在国际格局中地位的提高。既同民族传统文化一脉相承，同时又具有鲜明的时代特色和民族内涵。当代中国追求富强的时代特色，使中国实现强盛的途径是，依靠

---

① 黎翔凤：《管子校注》，中华书局 2004 年版，第 1173 页。

全国各族人民的共同努力，而不是像某些西方国家一样依靠对外掠夺；是靠国人的智慧和科技创新实现超越性发展，而不是永远跟在别人后面亦步亦趋。当代中国追求富强的民族特色是，富的内涵是共同富裕，是大多数人拥有获得感，过上好日子，而不是少数人的富裕，更不是财富始终掌握在少数人手中，坚决不搞两极分化。近年来，中国政府倾力推行的脱贫攻坚计划，充分说明了这一点。党和政府决不允许把部分民众留在小康的大门之外。

关于"强"的内涵，则是更为能够体现中国特色的。世界历史实践证明，许多国家都是一"强"便"霸"。故"凡强必霸"，几乎成为所有强国难以逃脱的定律。而中国追求的国家富强的特殊含义和文化传统的承诺则是永不称霸。即无论中国如何强大，都不会在世界上称王称霸，不会随意干涉他国内政，绝对不干预其他民族对国际事务的意愿倾向和发展命运的自主选择。

（二）"民主"的治国箴言

尽管在古代的大多数时期中国是处在专制社会，但中国古代政治思想中的某些理念，具有一定的民主借鉴价值。比如"民为邦本，本固邦宁""重民轻君""得民心者得天下"；孔子提出的"因民之所利而利之"思想；孟子曰"民为贵，社稷次之，君为轻"，以及"水能载舟，亦能覆舟"；等等。中国古代君王为了维护其政治统治，在其政治实践过程中所采取的某些政治形式，也具有一定的民主色彩和相应的要素。诸如兼听博纳、监察制度、科举制度等。

作为当代中国国家建设目标的民主，其特色首先是人民当家作主，即广大人民群众是国家的主人翁，依法享有管理国家和社会事务的权利。国家的一切权力属于人民，国家必须充分尊重民众意愿，充分保障民众利益，充分关注民众疾苦等。在运行方式上包括以确立执政党宗旨方式倡导民主，以制度设计的方式保障民主，以开展政治活动的方式强化民主，以媒体舆论的方式监督民主，等等。

尽管中国的特殊国情是从半殖民地半封建社会快速迈进了社会主义，封建专制的思想残余影响仍然存在，但数十年来，中国共产党一直把建设最广泛的社会主义民主作为政治体制改革的目标。中国的政治民主从各级人民代表大会制度，到各级政治协商制度；从民族区域自治制度，到基层直接选举制度；从社会民主，到党内民主；等等。广大民众的民主意识和社会管理参与能力正在日益提高，尤其是随着信息技术的不断发展和自媒体的广泛普及，民众的社会参与前景日益广阔，民众的维权意识和维权能力不断提升。

（三）"文明"的积淀追求

文明是用来形容和评价一个国家、民族、区域的物质发展、环境生态、文化素养、精神面貌、行为举止等方面符合进化趋势和善美有序的状态、取向、程度、规范和标准。汉语最早的"文明"一词，出自《周易·乾卦》，"见龙在田，天下文明"[①]，有"光明"之意。在其他典籍中，文明更多是用来形容人的教养和开化程度。

中国作为一个具有数千年文明历史的大国，是一个重德厚礼的礼仪之邦。历代封建君王，都强调"以德治国"，故具有历史悠久的"懂礼、习礼、守礼、重礼"的文明传统。也曾创造过发达的农业文明和封建文明，在公元16世纪前曾作为世界头号强国领跑世界1500年之久。中国古代的四大发明等科技成果，对世界文明做出过重要的贡献。这些传统元素既是当今文明发展的深厚基础和悠久渊源，也在某种意义上决定了其内涵的特色。

当今中国的文明内涵首先是以马克思主义为指导的社会主义文明。她尊重差异、包容多样，能够最大限度地达成社会共识；文明成果依靠人民创造，并为广大人民所享用；她广泛吸收传统文化精华，弘扬民族精神，符合民族心理，体现民族品格，并坚持面向现代化、面向世界、面向未来；她兼

---

① 宋祚胤：《周易》，岳麓书社2000年版，第11页。

收并蓄，博采众长，以广泛的开放性和包容性学习借鉴其他文明的优长，并结合中国实际，不断地与时俱进。文明对国家意味着实力、内涵、尊严、形象、地位、影响；对社会意味着正义、友善、有序、进步、和谐、美好；对公民个人意味着修养、阳光、自信、快乐、从容、优雅。当代中国人有决心、有信心、有能力为人类文明做出更大的贡献。

（四）"和谐"的中国特色

中华传统文化是以"和合"为核心的，始终崇尚和追求和谐，认为和谐是事物存在的最佳状态；和谐有序既是自然的本质特征，也是自然存在和发展的必要条件。以和为贵的"和合"精神是我国农业文明的核心价值，孔子主张"和为贵"，孟子强调"天时不如地利，地利不如人和"，老子认为"和"是万事万物生存的基础；儒家，重在追寻人与社会的和谐；道家，重在探求人与自然的和谐；而佛家，则重在构筑人与自己内心的和谐。清代王夫之说过，"天地以和顺为命，万物以和顺为性。继之者善，和顺故善也。成之者性，和顺斯成矣。"[①] 在人与人和人与社会关系问题上传统文化倡导"和为贵"；在国与国关系方面，倡导"和谐万邦"。

当今中国国家建设目标的和谐内涵，既包括在国与国关系问题上，始终坚持和平共处五项原则，尊重其他国家的主权，尊重他国民众的意愿，切实履行国家的国际责任担当；又包括在国内坚持各民族一律平等，尊重和保护少数民族的文化传统和生活习惯。同时，坚持民主法治，公平正义，诚信友爱，充满活力，安定有序，人与自然和谐相处。坚持和平发展理念，依靠全体人民的勤奋劳动来赢得发展，而不是依靠战争和掠夺。尤其是近年来，习近平总书记提出"要建立人类命运共同体"的倡议，这不仅是当代具有中国特色的社会主义事业和社会主义理论发展到新时代的主要特征，更是对中国

---

① （明）王夫之：《周易外传》，《船山全书》（第一册），岳麓书社 1988 年版，第 1074 页。

在"和谐国家"建设目标内涵方面的新发展。即在追求人类命运共同体的理念下，所有国家必须承担相应的责任担当，必须履行相应的国际义务。共同协作、互惠互利；相互约束，相互理解，任何国家都不能超然于责任与义务之外，自然也不能凌驾于对等的权力之上。

二、中华传统的人文追求与社会治理理念是社会主义核心价值观关于社会价值取向的民族文化基因与内涵特色

（一）"自由"的东方特色

在中华传统文化中，对"自由"的理解从一开始就具有客观的特色。即把个人自由与他人自由和自然的自由有机地结合起来。庄子认为，人没有绝对的自由，尊重自然、尊重规律即是实现和获得自由的重要途径和必要前提。道家是中国传统文化中追求自由的典型代表。崇尚真实、自由，对人宽容。非常享受"鱼相忘于江湖，人相忘于道术"的自由境界。老子认为："人法地，地法天，天法道，道法自然"[1]。儒家对自由的追求，集中体现在孔子的"三十而立，四十而不惑，五十而知天命，六十而耳顺，七十而从心所欲，不逾矩"[2]的命题中。这些论断告诉我们，自由不仅是一种生存状态，更是一种生活态度。中国作为一个农耕文明相当发达的国家，传统农民的自由和散漫不仅由来已久，而且富有特色。

当代中国关于社会价值取向的自由，在哲学层面，是指人们对必然的认识和对客观世界的改造，在认识、遵循和驾驭规律基础上的自由；在政治层面，就是公民享有合法权益，就是充分尊重广大民众在法律框架下的意志选

---

① 陈鼓应：《老子今注今译》，商务印书馆 2003 年版，第 169 页。
② （春秋）孔丘：《论语》，杨伯峻、杨逢彬注译，岳麓书社 2000 年版，第 9 页。

择自由；在实践层面，自由在任何时空都是具体的，是同物质生产、社会进步程度密切关联的。当今人们的自由一定是在遵纪守法基础上的自由，在服从公共利益和尊重他人权益前提下的相对自由。永远不存在放任自己、为所欲为甚至胡作非为的绝对自由。这既是人类法治文明发展的使然，更是人的全面发展的题中应有之义。

（二）"平等"的传统渊源

中华传统文化中不乏平等的基因。《诗经》中有"大夫不均，我从事独贤"①；《老子》中说："天地相合，以降甘露，民莫之令而自均"②，孔子则提出"不患寡而患不均"的思想；憧憬"大道之行也，天下为公"的理想社会。墨家的"兼爱"思想，认为"官无常贵，民无终贱"，人们之间应当倡导一种无差别、无等级的爱；佛家的"众生平等"；儒家的"仁爱"思想，"己所不欲，勿施于人"的行为准则；孔子主张"有教无类"的教育平等思想。孟子也认为："老吾老，以及人之老；幼吾幼，以及人之幼"③。法家主张"王子犯法，与庶民同罪"。

如果说"自由"是表达民众诉求的话，那么，维护公民之间的"平等"则是执政者应担当的基本责任，也是当今时代巩固其执政所应秉持的重要和基本原则之一。平等是社会主义的本质要求，也是保证人民当家作主的基本条件，更是促进社会公平、实现"以人为本"的必由之路。平等既包括政治平等、经济平等和社会平等；也包括权利平等、机会平等、身份平等、资源平等。在实践中就是所有公民在法律面前地位同等，任何人不得拥有或行使超越法律之上的特权。现代社会的分工可以千差万别，但劳动者在人格上始终是平等的，是应当受到社会和他人的尊重的。

---

① 陈成国：《诗经校注》，岳麓书社 2005 年版，第 269 页。
② 陈鼓应：《老子今注今译》，商务印书馆 2003 年版，第 169 页。
③ （战国）孟轲：《孟子》，杨伯峻、杨逢彬注译，岳麓书社 2000 年版，第 13 页。

（三）"公正"的国情内涵

中国古代素有推崇正义的人文传统。崇正义的文化传统为公正的社会价值取向提供了重要的思想资源。"义"是中华传统文化的一个核心理念。《中庸》说，"义者，宜也"①。《墨子·天志》讲，"天下有义则治，无义则乱，我以此知义之为正也"②。东汉学者许慎在《说文解字》中讲到，"公"是平分的意思，"正"即"直"，不偏不倚。"王子犯法，与庶民同罪"既体现一种平等，更体现一种公正。汉语中的许多词汇，诸如"大公无私""铁面无私""一视同仁""奉公守法"等，都是这个意思。

"公正"是社会主义的内在要求。当代中国公平的内涵主要是指权利公正、机会公正、规则公正。必须坚持权利保障原则，包括城乡最低生活保障制度、公共卫生和医疗救助体系，促进就业的法律法规，最大限度地保障人们的生存权、健康权和发展权；坚持机会公平原则，包括起点的公平、实现过程的公平、承认和尊重人们发展潜力方面的自然差异等；依照贡献分配的原则，以利于调动人们的积极性和激发社会活力；坚持弱者关怀的原则，即倾斜弱势群体，保障弱者的基本权益，以此实现就有所业，住有所房，学有所校，病有所医，老有所养；等等。

（四）"法治"的历史积淀

中国数千年的封建社会总体上是重人治，轻法治，但也不乏倡导法治的思想理念。"法"字从水，表示法律、法度公平如水。孟子认为："徒善不足以为政，徒法不能以自行"③。诸子百家之一的法家主张法治，提出了"唯法而治""依法治国"等主张，只不过其所言的法是来自君王的而已。著名的商鞅变法就提出废除过去"刑不上大夫"的不公正制度。荀子则更重视法治，

---

① 杨天宇：《礼记译注》，上海古籍出版社1997年版，第910页。
② （清）孙诒让：《墨子间诂》，孙启治点校，中华书局2001年版，第209页。
③ （战国）孟轲：《孟子》，杨伯峻、杨逢彬注译，岳麓书社2000年版，第115页。

主张以"法治"补充"礼治"之不足。近代的思想家梁启超、孙中山均提出过一系列法治思想。

"法治"是当代中国治国理政的基本方式，也是实现人与人之间的自由平等、维护社会公平正义的重要制度保障。当代中国的法治理念就是依法治国、执法为民、公平正义、服务大局和坚持党的领导，就是将法律作为治理国家和社会的最高准则，任何人和机构都不得凌驾于法律之上，建设中国特色社会主义法治体系和法治国家。形成完备的法律规范体系，高效的法治实施体系，严密的法治监督体系，有力的法治保障体系。实现科学立法、严格执法、公正司法、全民守法，促进国家治理体系和治理能力现代化，逐步形成有法可依、有法必依、执法必严、违法必究的良好机制。

三、中华传统的人文精神和修身文化是社会主义核心价值观关于公民价值准则的民族精神根脉与内涵特色

(一)"爱国"是传统人文精神的核心

爱国主义是中华民族最悠久的思想传统，也是中华民族精神的核心要素。正是基于这种传统，才得以使中华文明成为所有古文明中唯一不曾中断的文明。爱国与传统文化中的忠君爱国、精忠报国等思想一脉相承。《礼记·儒行》说，"苟利国家，不求富贵"[1]；《左传》说，"临患不忘国"[2]；诗人陆游《病起书怀》写道："位卑未敢忘忧国"；顾炎武在《日知录》中说，"天下兴亡，匹夫有责"；林则徐强调："苟利国家生死以，岂因祸福避趋之"。爱国是中国传统人文精神的核心内容，也是人们道德修养的首要信条。

---

[1]　杨天宇：《礼记译注》，上海古籍出版社 1997 年版，第 1028 页。

[2]　杨伯峻：《春秋左传注》，中华书局 1990 年版，第 1205 页。

　　当代中国爱国的特殊内涵就是爱祖国的大好河山；爱自己的骨肉同胞，爱祖国灿烂的文化，爱社会主义的制度。牢固树立没有祖国的强大就没有个人家庭幸福和人生平安的观念；就是把个人人生价值的实现同祖国发展的需要有机地结合起来，找到能够充分发挥个人优势和报效祖国恰当统一的时代坐标，然后爱岗敬业，无私奉献；就是在国家利益与个人利益发生矛盾时理性服从国家利益需要，勇于牺牲个人或小家的利益；就是时刻准备为国家的建设和发展贡献自己的所有力量直至生命。坚持开放、包容、理性的爱国主义，拥护改革开放，尊重世界多样，合法有序地表达爱国之情，自觉坚持社会主义道路，维护祖国统一，服务人民群众。

（二）"敬业"是中华世代崇尚的职业道德

　　勤劳勇敢是中华民族精神的重要组成部分，也是古代国人从业的基本道德标准。他们把"勤劳"作为"兴国立世之本，兴家兴业之宝"。作为文化传统，就是"天行健，君子以自强不息"；就是"天道酬勤""克勤于邦，克俭于家"；作为个人品质，就是敬业。古人云，"业精于勤，荒于嬉；行成于思，毁于随"。"三百六十行，行行出状元"，指的就是不管我们从事什么职业，只要勤奋努力，就一定能够出类拔萃，成为掌握绝技的优秀人才。孔子的"知之者不如好之者，好之者不如乐之者"，认为对职业的热爱，是取得更好工作效果的秘密。

　　对现代人而言，敬业就是对自己所从事的职业具有强烈的责任和使命意识，对待工作具有强烈的投入和奉献精神，踏实勤奋，努力拼搏，追求卓越。一个人只有把职业当作事业去追求，才能不满足于做一天和尚撞一天钟，而是"马不扬鞭自奋蹄"地努力进取；只有富有奉献意识，才能不斤斤计较个人得失，自觉投入，精益求精；只有富于责任和使命意识，才能殚精竭虑，追求卓越；鞠躬尽瘁，死而后已。一个敬业的民族，才能托起一个强大的国家。

（三）"诚信"是传统人格修炼的基点

诚实守信是中华民族的传统美德，也是一切德行的基础和关键，乃至做人的根本。《礼记·乐记》中就有"著诚去伪，礼之经也"的说法。儒家学说把"仁义礼智信"作为"立人"之五德。孔子强调"自古皆有死，人无信不立"。孟子也认为："诚者，天之道也；思诚者，人之道也。至诚而不动者，未之有也；不诚，未有能动者也"①。魏征曾说，"德礼诚信，国之大纲"②；《左传·僖公二十五年》中曾写道："信，国之宝也，民之所庇也"③。程颐在《周易程氏传》中说，"欲上下之信，唯至诚而已"④。另外，包括古代民间广为流传的"精诚所至，金石为开"等谚语，均集中体现了传统文化对诚信的推崇和倡导。

诚信就是诚实无欺，讲求信用，是当今社会人与人交往的出发点和基本原则，也是人们立身社会的基石、追求人格完善的核心内容，古今中外，概莫能外。国家的诚信是立国之本，是取信于人民、团结人民的人文精神和道德信念。单位、企业的诚信是建立社会良性互动关系的重要杠杆。公民的诚信是社会有章必循、有诺必践良好风气形成的重要基础条件。尤其是当今社会，人们往往把市场经济称之为契约经济，契约其实就是以诚信为基础的。

（四）"友善"是传统人际关系的基本规约

友善就是人与人之间的亲近和睦，是传统社会处理人际关系的重要规约。孟子曰："仁者爱人""与人为善，善莫大焉"；老子说："上善若水，水利万物而不争"等，都是对"善"的推崇。包括孔子等倡导的"与人为善""己所不欲，勿施于人""出入相友，守望相助""扶贫济困"等价值理念，以及

---

① （战国）孟轲：《孟子》，杨伯峻、杨逢彬注译，岳麓书社2000年版，第125页。
② （唐）吴兢：《贞观政要》，王贵标点，岳麓书社1991年版，第207页。
③ 杨伯峻：《春秋左传注》，中华书局1990年版，第435页。
④ （宋）程颐：《周易程氏传》，《二程集》，中华书局1981年版，第781页。

封建统治倡导的"以德治国"都与仁爱密切相关，所谓"君子学道则爱人"等，都是友善的文化渊源。

"友善"就是与人为善，诚信友爱，团结互助，包容尊重，协调合作。友善是社会主义道德的重要维度，是一种高尚的人生美德，宽容的人生修养，博爱的人文情怀。友善既是处理人与人之间关系的准则，也是处理人与自然之间关系的准则。没有友善，就没有社会的信任，就没有人与人之间的良性互动，更没有人性的光辉和人类精神家园的美好和温馨；没有友善，就没有人与自然的和谐相处和社会的良性可持续发展。

综上所述，中华民族传统文化是社会主义核心价值观的源流根脉。但任何价值观都是历史的和具体的。当代中国的社会主义核心价值观从时间传承意义上讲是中华民族文化在当今时代演变的产物；从空间地域意义上讲，社会主义核心价值观作为中国共产党和全中国人民的文化创造，同时也是对人类先进文化元素借鉴吸收的结果，更是中国共产党带领中国人民在长期的社会主义文化发展实践中将先进的文化理念与中国当代的国情相结合不断地与时俱进的结果。既是团结统一国家追求的传承，也是自强自立的民族性格的传承；是实事求是的文化思维传统的传承，更是与时俱进实践精神的传承。任何只重视一个方面而忽略其他方面的做法都是偏颇和不客观的。

"文化是民族的血脉，是人民的精神家园。文化自信是更基本、更深层、更持久的力量。中华文化独一无二的理念、智慧、气度、神韵，增添了中国人民和中华民族内心深处的自信和自豪。"[①] 这是 2019 年 2 月，中共中央、国务院印发的《关于实施中华优秀传统文化传承发展工程的意见》中的开篇语。《意见》还指出，"中华民族和中国人民在修齐治平、尊时守位、知常达

---

① 《中共中央办公厅、国务院办公厅颁发关于实施中华优秀传统文化传承发展工程的意见》，《人民日报》2017 年 1 月 26 日。

变、开物成务、建功立业过程中培育和形成的基本思想理念，如革故鼎新、与时俱进的思想，脚踏实地、实事求是的思想，惠民利民、安民富民的思想，道法自然、天人合一的思想等，可以为人们认识和改造世界提供有益启迪，可以为治国理政提供有益借鉴"，并明确提出，"到 2025 年，中华优秀传统文化传承发展体系基本形成，研究阐发、教育普及、保护传承、创新发展、传播交流等方面协同推进并取得重要成果，具有中国特色、中国风格、中国气派的文化产品更加丰富，文化自觉和文化自信显著增强，国家文化软实力的根基更为坚实，中华文化的国际影响力明显提升。"[1]

第四节　从严治党与社会政治生态优化

政治生态（political ecosystem）是生态学方法运用于政治领域所形成的概念，主要是指政治系统的诸要素之间以及政治系统与社会其他系统之间相互作用、相互影响、相互制约所形成的整体状态，根据这一概念，政治生态可以分为政治内生态与政治外生态，政治内生态主要指政治制度、政治文化、政治活动的主客体之间的生态联动；政治外生态主要指政治系统与其他社会体系之间的生态联动[2]。

政治生态理论实际上就是用生态学的理论、观点和方法来研究社会政治现象，换句话说就是借用生态学的理论和方法，从政治体系与其环境之间的相互关系中研究政治现象，其强调的是政治的系统性、生态性、差异性、联系性、非线性等特点，把政治现象及其社会环境视作一个具有互动关系的有

---

① 《中共中央办公厅、国务院办公厅颁发关于实施中华优秀传统文化传承发展工程的意见》，《人民日报》2017 年 1 月 26 日。

② 唐正繁：《近年来我国关于政治生态问题的研究综述》，"中国特色社会主义与贵州发展——纪念中国共产党成立九十周年理论研究"会议论文，2011 年 7 月 23 日。

机整体①。对于中国的政治生态问题来说，由于中国共产党是政治生态的主体，因此，党员干部队伍的整体建设是优化当前中国政治生态的核心，这也是全面从严治党对于净化政治生态的意义所在。

一、从严治党是优化当代中国政治生态的迫切呼唤

中国政治制度形成的独特的政治生态核心是执政党制度，与世界上其他国家的政党制度不同，中国共产党在"思想方面、组织方面、作风方面、制度方面以及反腐倡廉方面形成了不同于其他政党的'五位一体'模式，构架了具有中国共产党特色的政党制度体系，也就形成了具有中国特色的执政党制度"②，因此，优化中国政治生态环境的关键是优化政治生态主体的运行状态，其中，执政党自身的建设既是优化政治生态的根本，又是政治生态净化的主体力量。

（一）长期市场经济环境弱化了政治生态的严肃性

改革开放以后，随着市场经济体制的建立及逐步完善，与市场经济相适应的新的价值规范和行为模式逐渐取代旧有的价值取向并流行开来，与此相对的是，人们在原有计划经济体制下形成的价值观念必然受到根本性的挑战。然而，市场经济本身具有明显的双面性，其固有的缺陷为我国的政治生态带来了严峻挑战，首先，市场经济条件下利益主体的分化必然导致价值观念、思想意识和评价标准的多元化；其次，由于市场经济体制不完善，与市场经济相适应的价值观念尚未完全建立起来，市场化浪潮开始泛滥，"市场化带来了一系列社会问题，社会公德失范，职业道德败坏，家庭道德嬗变，传统道德规范正在土崩瓦解，个人主义、拜金主义和享乐主义思想滋生蔓

---

① 刘京希：《现代民主政治的生态学考察》，《天津社会科学》2003 年第 1 期。

② 胡鞍钢、杨竺松：《中国政治生态的独特性及四大制度要素》，《人民论坛·学术前沿》2013 年第 21 期。

延，贪污腐败、见利忘义、尔虞我诈、权钱交易和假冒伪劣横行，社会诚信日益缺失"[1]；更为重要的是，我国的市场经济具有明显的权力推动性质，从而导致权力资本化和政治腐败问题，同时，经济市场化实现经济增长的同时，亦扩大了社会各阶层收入分配的差距，贫富差距、城乡差距、地区差距和行业差距越来越大，如果这种不平等得不到缓解，必然会引起民众对中国共产党统治绩效合法性的重新评价，其后果是引起人们对改革和政治系统的质疑，"任何国家在致力于经济发展时都不可避免地要出现贫富不均的现象，或多或少地存在社会边缘化的群体，如果该国家经济发展整体水平不高，再加上社会保障体系尚未健全，这些群体就会产生离心倾向。"[2]

（二）长期和平执政环境钝化了政治生态的进取性

执政活动总是处于一定的环境之中，所谓执政环境是指执政主体（执政党）在执政过程中面临的由政治、经济、文化、社会、自然等因素所构成的一种系统环境。执政环境主要包括执政主体的内部环境和外部环境，其中内部环境主要是针对执政主体——中国共产党——的自身状况而言，"从狭义上讲，指中国共产党的组织和机制的统一，包括全体党员和党的各级组织以及联系这些组织以维持其运行的规则；从广义上讲，主要包括党的信仰、纲领宗旨、政策、理念等"。[3]外部环境主要包括自然、文化、历史传统等国内环境和国际环境。对于中国共产党执政环境的考量也应该从内部和外部两个方面入手，执政环境关系着政治生态系统能否保持良性循环，关系着中国共产党能否长期执政。

中国共产党取得执政地位之后，其所面临的执政环境是不断变化的，一

---

[1]　刘明君等：《多元文化冲突与主流意识形态建构》，中国社会科学出版社 2008 年版，第 192 页。

[2]　[韩]咸台灵：《中国政党政府与市场》，经济日报出版社 2002 年版，第 191 页。

[3]　朴林：《把握执政环境与提高党的执政能力》，《当代世界与社会主义》2004 年第 6 期。

般而言，"从新中国成立至 1978 年改革开放是一个阶段；改革开放至今是另外一个阶段；就前一个历史阶段而言，从国际和国内环境来看，相对集中化和简单化是这一阶段执政环境的总体特征。"① 现阶段中国共产党的执政环境发生了本质的变化，虽然执政环境是复杂和严峻的，但基本上可以概括为中国共产党长期和平执政，党的十六大时，曾经对 21 世纪的中国共产党做了明确的新的历史定位，即"从一个领导人民为夺取全国政权而奋斗的党转变成为一个领导人民掌握着全国政权并长期执政的党；从一个在受到外部封锁的状态下领导国家建设的党转变成为在全面改革开放条件下领导国家建设的党，也就是从革命党转变为执政党"②。一党长期和平执政需要面对和解决的问题是政治体系的僵化以及由此导致的政治生态进取性的钝化。诚然，任何一种政治体系经过长时间的发展后必然会出现惰性和僵化的现象，在西方多党制的条件下，可以通过不同政党轮流执政解决这个问题，在中国独特的执政党制度下，整个政治系统的活力只能依靠于执政党自身的建设以及执政党主动的制度创新，以此来保障整个政治系统的活力。现阶段，中国共产党作为执政主体其社会基础和自身状况均发生了变化，在长期执政的过程中，部分党员干部形成特殊的利益集团并利用自己手中的权势谋求私利，阻碍改革的发展，这种现象的持续发展最终会导致整个政治制度的腐败甚至毁灭，因此，当下中国共产党面临着生存压力、进取压力以及执政地位巩固的压力。

（三）西方文化渗透消解了政治生态的正能量

"对一个传统社会的稳定来说，构成主要威胁的，并非来自外国军队的侵略，而是来自外国观念的侵入，印刷品比军队和坦克推进得更快、更深

---

① 朴林：《把握执政环境与提高党的执政能力》，《当代世界与社会主义》2004 年第 6 期。
② 金安平：《理性理解"制度反腐"》，《科学社会主义》2015 年第 1 期。

入"①。20世纪90年代以来的全球化进程不断冲击着人们的思想观念、行为模式、生活方式以及整个价值体系，作为全球化主导力量的西方国家及其意识形态也必然对我国不断进行瓦解和渗透，西方国家"试图通过继续巩固和扩大已在世界经济中获得的支配地位，并逐步将这种'经济强势'地位转化成为'政治强势'地位，促使作为其意识形态核心的价值观在更广泛的地区得到认可，进而建立起确保这种价值体系的政治制度系统，实质上构成了'新霸权主义'的意识形态基础"②。

西方国家的意识形态在经济、政治和文化领域均对我国政治生态构成了严峻的挑战，具体而言，经济领域的自由主义严重冲击着我国的主流意识形态，个人主义、利己主义、过度消费等价值观念对我国民众的生活产生越来越深入的消极影响；政治领域的民主化浪潮不断侵蚀着民众对我国社会主义制度的政治认同，影响并冲击着中国共产党的合法执政地位和政治制度的基础；文化领域，西方国家通过各种途径向全世界推行其生活方式、价值观念和文化思潮，西方资产阶级的各种学说和价值观念不断冲击着主流意识形态的主体地位，不断侵蚀着民众对社会主义价值观念的文化认同，我们必须坚决抵制西方意识形态的渗透，坚持社会主义核心价值观的主导地位，引导人们树立正确的价值观念和生活方式。

二、从严治党是净化中国政治生态的必由之路

"办好中国的事情，关键在党"，中国共产党自身的建设水平可以说是净化政治生态的根本，因为中国共产党在国家各个领域活动中均处于关键地位，执政党的建设水平必将对整个政治体系产生重大影响，如果中国共产党

---

① [美]塞缪尔·P.亨廷顿：《变动社会中的政治秩序》，王冠华等译，上海三联书店1989年版，第141页。

② 陆忠伟：《非传统安全论》，时事出版社2003年版，第332页。

自身的建设出现问题，必然带来政治体系的混乱和国家政局的动荡，相应的生态政治也就无从实现。

（一）共产党清明执政是社会政治生态构建的主导

在我国，党的建设从来都不是自转，都不是"为建设而建设，而是公转的，是为党的政治路线服务，为加强与改善党的领导服务，为党领导的伟大事业服务的"[①]，党的十八大以来，新一届党中央一方面强调"党要管党，从严治党"，另一方面强调党的建设和党的领导、政治体制改革是统一的，这一思想集中体现在十八届三中全会《中共中央关于全面深化改革若干重大问题的决定》中，《决定》围绕"完善和发展中国特色社会主义制度，推进国家治理体系和治理能力现代化"这一总目标，明确提出了六个紧紧围绕的改革思路，最终落脚在党的建设与党的领导上，落脚在深化党的建设制度改革上[②]。中国共产党是中国唯一合法的执政党并且长期执政，这一政治现实决定了党的建设绝不是孤立的，即不仅要从狭义的党的自身建设角度来思考"全面从严治党"的意义，还需要从广义的即净化政治生态的角度来深刻认识"全面从严治党"：一方面，从严治党关系着中国共产党自身如何永葆先进性和纯洁性，关系着政党认同危机的消除以及政党认同的强化；另一方面，从严治党的一个重要功能就是从执政党自身出发，矫正部分党员干部的政治腐败给政治秩序造成的危害，以维护正常的政治秩序及其良性运转。

之所以说中国共产党是社会政治生态构建的主导力量，一方面是因为中国共产党的领导不仅能够确保政治生态构建的正确方向，更在于中国共产党

---

① 刘红凛：《十八大以来"党要管党、从严治党"的战略思路与显著特征》，《求实》2015年第5期。

② 刘红凛：《十八大以来"党要管党、从严治党"的战略思路与显著特征》，《求实》2015年第5期。

的领导能够最大限度地调动社会资源为政治生态的构建服务，因此，从一定意义上讲，中国共产党是净化社会政治生态最重要的因素，它是社会政治生态构建的最重要主体，中国共产党的执政水平、执政能力以及能否清明执政与社会政治生态的建设水平的高低存在深层次的相关性。

（二）党员领导干部的示范是建构社会政治生态的导向

政治生态是一个地方政治生活现状以及政治发展环境的集中反映，是党风、政风、社会风气的综合体现，核心是领导干部的党性问题、觉悟问题、作风问题①。净化政治生态实际就是全面从严治党不断推进的过程，党员干部是政治生态的风向标并决定着政治生态的优劣，因此，全面从严治党、净化政治生态要抓住领导干部这一"关键少数"特别是"一把手"，要加强对他们的监督和制约，首先需要全党形成思想自觉，在党内提倡什么、鼓励什么、抵制什么、反对什么，应该有明确的导向性。毋庸置疑，作为马克思主义信仰共同体的中国共产党始终倡导先进价值理念，始终强调坚持立党为公、执政为民、坚持全心全意为人民服务的宗旨以及本质上要求广大党员干部做到"三严三实"，并且得到党内外的支持和拥护。但客观上，党内所倡导的先进价值理念并没有得到全体党员的普遍遵循，一些党员干部在思想意识、态度情感上并没有接受党内的先进价值理念，究其原因主要在于部分党员干部理想信念的迷失，在新形势下不能树立正确的是非观、价值观，习近平突出强调的"补足'精神之钙'，坚定理想信念"，主要针对的就是党员干部的信仰缺失、价值迷茫，"有的是非观念淡薄、原则性不强、正义感退化，糊里糊涂当官，浑浑噩噩过日子；有的甚至向往西方社会制度和价值观念，对社会主义前途命运丧失信心；有的在涉及党的领导和中国特色社会主义道路等原则性问题的政治挑衅面前态

---

① 栗战书：《科学发展要有好的政治生态》，《求是》2011年第2期。

度暧昧、消极躲避、不敢亮剑，甚至故意模糊立场、耍滑头；等等"①。鉴于此，习近平强调，"思想纯洁是马克思主义政党保持纯洁性的根本，道德高尚是领导干部做到清正廉洁的基础"②，各级领导干部要以身作则，树立正确的世界观、权力观、事业观，"守纪律、讲规矩、拒腐蚀、永不沾，形成一级带一级、一级抓一级的示范效应"，最终在全党营造政治清明的政治生态③。

（三）从严治党是消除社会贪腐现象的源头工程

生态政治在很大程度上取决于政治秩序的良性运转，而政治腐败不仅破坏原有政治秩序的良性运转，而且还会加剧政治秩序的混乱。诚然，从根本上讲，中国共产党的性质和宗旨决定了中国共产党与政治腐败水火不容，但"执政党的地位和不适当地加强党的领导的措施，往往容易助长党员和党的领导干部的腐败行为"④。

随着社会主义市场经济的发展、全球化与社会转型以及党员干部队伍的变化，新形势下中国的政治生态面临着严峻的危机，这种危机首先源自中国共产党内部，表现为"四风"问题不断反复，腐败愈演愈烈，特别是部分党员干部"形式主义、官僚主义、享乐主义突出，奢靡之风严重，主要表现在：理想信念动摇，宗旨意识淡薄，精神懈怠；贪图名利，弄虚作假，不求实效；脱离群众，脱离实际，不负责任；铺张浪费，奢靡享乐，甚至以权谋私、腐化堕落。这些问题严重损害党在人民群众中的形象，严重损害党群干群关系，必须认真加以解决"⑤。

① 《习近平总书记系列重要讲话读本》，学习出版社、人民出版社2014年版，第161页。
② 《习近平谈治国理政》，外文出版社2014年版，第391页。
③ 杨绍华：《着力净化政治生态》，《光明日报》2015年5月3日。
④ 虞崇胜、李舒婷：《政治安全视野下的反腐倡廉制度建设》，《理论探讨》2012年第2期。
⑤ 《十八大以来重要文献选编》（上），中央文献出版社2014年版，第283—284页。

之所以出现这些问题，一方面源自部分党员干部价值信念的动摇以及信仰的缺失，没有树立正确的价值观、权力观、事业观；另一方面从党的建设角度讲，主要与"治党不严、治党不力"有关，"客观上说，主要原因是党要管党、从严治党方针在有些地方没有落到实处，在一些方面管党、治党失之于宽、失之于松"①，因此，从严治党必须严惩腐败，"既坚决查处领导干部违纪违法案件，又切实解决发生在群众身边的不正之风和腐败问题；既要强化党对党风廉政建设和反腐败工作统一领导，又强化反腐败体制机制创新和制度保障"②。

三、以从严治党的常态化保障社会政治生态

政治生态化与政治腐败是不相容的，廉洁性是政治生态的重要特征之一。因此，全面从严治党，必须严惩部分党员干部的腐败行为，坚持"老虎""苍蝇"一起打，正如习近平所言，要"以猛药去疴、重典治乱的决心，以刮骨疗毒、壮士断腕的勇气，坚决把党风廉政建设和反腐败斗争进行到底"③，以从严治党的常态化实现社会政治生态的净化。

（一）风暴式肃贪是扭转腐败积疴的重要手段

党的十八大以来，中国共产党和中国政府掀起一轮强烈的反腐风暴，彰显了中国共产党作为执政党惩治腐败的坚定决心。历史地看，大规模地集中推进某项政策或者战略实现是中国共产党在革命时期和社会主义建设

---

① 李斌：《党面临的"赶考"远未结束：习近平总书记再访西柏坡侧记》，《人民日报》2013年7月14日。

② 刘红凛：《十八大以来"党要管党、从严治党"的战略思路与显著特征》，《求实》2015年第5期。

③ 《习近平谈治国理政》，外文出版社2014年版，第394页。

时期积累的宝贵经验，随着中国共产党由革命党向执政党角色转变的完成，这样一种运动式治理方式要逐渐让位于以制度和法律为主的现代理性治理，而当下之所以采取这样一种集中式反腐实际上是与我国政治腐败的特点分不开的。

改革开放以来，随着社会主义市场经济体制发展目标的确立以及不断完善，一方面是经济的高速发展以及社会财富的生产和积累越来越多，市场在资源配置过程中的作用日益凸显；另一方面是中国共产党自身的建设、政治领导体制改革、法治建设和道德建设明显落后于市场经济的发展要求，权力过分集中的领导体制和权力体制随着市场经济的发展不但没有得到实质性的改变反而在某种程度上得到了强化。

早在我国改革开放初始阶段，邓小平就非常敏锐地剖析了这个症结性问题，"权力过分集中于个人或少数人手里，多数办事的人无权决定，少数有权的人负担过重，必然造成官僚主义，必然要犯各种错误"①，权力过分集中必然导致权力寻租等腐败行为的发生，当下某些重点领域的腐败呈现出"集团化""群体性"特征，腐败问题已经成为当今中国一个巨大的政治问题和社会问题，已经关系到党和国家的生死存亡，在这样一种特殊的背景下，只有采取大规模的高压式集中反腐才能遏制住腐败，才能解除政治腐败对执政党、国家和社会的威胁。

（二）制度化反腐是严治常态化的关键环节

所谓制度，就是"在群体满足公共需求的重复性实践活动中形成的程式化的行为模式的产物"②，作为行为规则的制度安排可分为正式的（刚性制度）和非正式的（柔性制度），正式的制度如宪法、法律法规等；非正式的如意

---

① 《邓小平文选》第二卷，人民出版社1994年版，第328—329页。

② ［美］莱斯利·里普森：《政治学的重大问题：政治学导论》（第10版），刘晓等译，华夏出版社2001年版，第44页。

识形态、价值、习俗等，制度化反腐即是通过制度设计、制度安排、制度建设来长期保持廉政的反腐败模式，当然制度反腐决不仅仅局限于制定更多的法律规定。

十八大以来的反腐行为虽然是"集中式"反腐，但其与以往的运动治理不同，它是建立在国家法律和党内法规基础之上的，"集中式"反腐中揭露出来的腐败案件以及对这些腐败案件的处理，绝大部分是依据已有的法律法规以及共产党自己的党纪党规；所谓反腐风暴，仅仅是"从反腐的力度、速度和手段而言的，这是根据已有的法律和制度，在回归法律和制度的基础上进行的"①。

党的十八大以来的反腐实践表明，党中央反腐败的战略部署是加强制度建设，把权力关进制度的笼子。根据虞崇胜的观点，所谓把权力关进笼子主要指把权力关进党纪和国法的笼子②，其中党纪主要强调党内法规对于党员干部行为约束的重要性，党内法规是党内规章制度的高级形态，是党的制度建设的核心环节，"遵守党的纪律是无条件的，要说到做到，有纪必执，有违必查，不能把纪律作为一个软约束或是束之高阁的一纸空文"③；国法则强调的是党的领导和社会主义法治的一致性，新时期全面从严治党必须与依法治国相协调，共同推进。

2012年12月，习近平在首都各界纪念现行宪法公布施行30周年大会上的讲话中明确指出，"坚持党的领导，更加注重改进党的领导方式和执政方式。依法治国，首先是依宪治国；依法执政，关键是依宪执政。新形势下，我们党要履行好执政兴国的重大职责，必须依据党章从严治党、依据宪法治国理政"④，因此，"双笼关虎"的制度化反腐设计是从严治党常态化的

①　金安平：《理性理解"制度反腐"》，《科学社会主义》2015年第1期。
②　虞崇胜：《国法与党纪："双笼关虎"的制度逻辑》，《探索》2015年第2期。
③　《习近平谈治国理政》，外文出版社2014年版，第395页。
④　《习近平谈治国理政》，外文出版社2014年版，第141—142页。

关键，既能对过去发生的腐败行为进行严惩，又能最大限度地预防今后腐败的发生。

（三）营造良好文化氛围助推政治生态净化

与自然生态系统相类似，在政治领域同样存在着一种政治生态场，它是指社会成员长期积淀形成的一种稳定的价值取向，即"由各种思想文化交织而成的，主要是指一个机构或一项制度赖以存在的社会思想意识、文化心态和观念形态的总和"①。

文化场域，对于一国的政治发展具有决定性的影响和作用，根据塔尔科特·帕森斯的结构功能理论，对于社会系统而言，"一方面，文化系统作为意义和信息存贮发布系统承担着为社会系统提供价值取向的功能，价值取向在社会系统中则被具体化为相应的社会规范，从而控制着行动者的行为取向和社会角色；同时，文化系统的价值取向也决定着社会追求的目标，相应的社会规范则规定着达到目标所可采取的手段。一旦文化结构与目标同社会结构或制度化手段之间发生抵触或脱节，社会就会出现失范甚至发生越轨行为等后果。另一方面，在整个社会系统中，文化系统处于整个社会控制等级序列的顶点，它在社会控制中有着特殊的意义，它对制度化的社会角色模式加以维持，对社会张力进行调节。"②

对于发展中国家而言，移植西方国家的制度设计之所以会失效，其主要原因在于制度设计本身缺乏与其相适应的政治文化场域。因为任何一个国家的政治发展都不能超越自身的历史和文化规定性，都需要与自身的政治文化场域相对接，在进行制度设计的过程中，一方面需要提高制度设计的科学

---

① 夏美武：《当代中国政治生态建设研究——基于结构功能分析视角》，苏州大学博士学位论文，2014年。

② 刘润忠：《社会行动·社会系统·社会控制：塔尔科特·帕森斯社会理论述评》（导言），天津人民出版社2005年版，第18—19页。

性、合理性，另一方面同时还充分考虑社会文化环境，优化政治生态，以现有的文化场域为基础进行制度建设。

因此，当代我国政治生态的净化离不开良好的文化氛围，而良好文化氛围的营造核心和关键则在于党内先进文化的建设。我国实行改革开放以来，各种文化、社会思潮纷至沓来，在当代中国，社会思潮不仅异常活跃，而且呈现出多元化的特点，对于这些社会思潮的错误观点，我们必须坚决进行批判和抵制，始终坚持社会主义先进文化的发展方向，坚持中国特色社会主义文化发展道路，巩固马克思主义的主体地位，以先进的党内文化来应对全球化背景下的诸多挑战，最终通过营造良好的文化氛围来助推政治生态的净化。

第五节　当代我国知识分子对主流文化认同研究

在国家和民族的发展进程中，知识分子是负有重大责任的特殊群体。知识分子对主流文化的认同，对其他社会群体具有巨大的示范作用，也是当前我国建设社会主义文化强国、培育社会主义核心价值观的重要内容。研究表明，当前我国知识分子对主流文化的认同总体上呈现出可喜的态势，但也存在不同程度的认识误区和盲区。

当前，我国处于社会转型期，主流文化的主导地位面临着严峻挑战。为了倡导和践行社会主义核心价值观，促进社会思想文化的内在和谐，明确思想文化的是非标准，提高思想文化免疫力，笔者围绕知识分子对主流文化的认同展开调查研究，以期探索出符合知识分子群体实际的认同途径和接受方式。本书范围的知识分子是指具有大专以上受教育经历，从事知识的继承、传播、管理、创造等相关职业，以脑力劳动为主要工作方式，并具有一定社会责任感的人。主流文化是指以中国共产党的执政意识形态，即社会主义核心价值体系为导向的相关社会文化圈层。

一、当前我国知识分子对主流文化的认同状况

笔者率课题组先后在北京、上海等 12 个城市的 5 个国家级研究院所、16 所高校以及 4 家省市级文化和医疗机构，随机作了 1000 余份问卷调查。调查内容涉及当前我国知识分子对党的基本理论、对中国共产党执政、对当前中国社会发展现状、对社会主义核心价值等方面的看法。

（一）对党的基本理论及其指导作用的认同

党的基本理论，包括马克思主义基本原理及其中国化的一系列成果。从调查结果来看，当前我国知识分子对党的基本理论的整体认同度较高。

第一，大部分知识分子注重学习党的基本理论。调查结果显示，对于《马克思恩格斯选集》《毛泽东选集》等经典著作，有 59.1% 的知识分子选择"全部读过"或"读过一部分"。

第二，知识分子普遍认同马克思主义的指导作用。调查显示，分别有 37.8% 和 51.4% 的被调查者认为马克思主义对中国的革命和建设"有重要的指导意义"和"有一定指导意义"。

第三，知识分子充分认可马克思主义中国化成果对革命和建设实践所发挥的巨大指导作用。调查显示，超过 68% 的知识分子认为"21 世纪中国主导精神"是中国特色社会主义理论体系。对于"当前科学发展观在实际生活中发挥指导作用的状况"，有 59.4% 的被调查者认为"很好"或"比较好"。

第四，知识分子肯定党的基本理论对个人成才的作用。有 33.5% 的被调查者认为党的基本理论"有非常重要的作用"，有 46.1% 的被调查者认为"有一定的作用"，有 34.8% 的被调查者认为其作用是"能指导人生发展"，有

39.8%的被调查者认为其作用是"能提高综合素质"。

（二）对国家基本政治制度和中国共产党执政的认同

第一，知识分子对当代中国基本政治制度的认同较高。一方面，知识分子积极参与人大代表选举，作为各级人大代表，他们认真履行职能，代表人民行使权利、表达人民的愿望与要求。另一方面，知识分子认同中国共产党领导的多党合作和政治协商制度。上海社会主义学院的调查研究数据显示，民主党派成员中99%的人认为"坚持中国共产党的领导不仅是历史的选择，也是中国现代化进程的必然选择"，90%的成员认为"中国共产党领导的多党合作和政治协商制度符合中国国情，是我国政治制度的特点和优点。"

第二，多数知识分子对中国共产党的执政评价较好。调查结果显示：有56.4%的被调查者赞成"中国共产党始终代表先进生产力的发展要求、先进文化的前进方向、最广大人民的根本利益"的观点，有56.7%的被调查者认为目前中国共产党的执政能力"较强，且在不断提高"。另有相关调查显示，有59.6%的知识分子对目前党风状况给予积极评价。

第三，知识分子在思想政治上拥护党的领导并积极要求入党。一项关于"高校知识分子政治倾向"的调查中，有58%的人愿意加入中国共产党；有71%的人入党动机纯正，把共产主义信仰作为自己的人生理想和追求。本次调查中，对于"远离政治或与政治保持距离才是真正的知识分子"观点，65.2%的被调查者明确表示"不同意"。

（三）对国家大政方针和社会现状的认同

第一，绝大多数人对国家大政方针比较熟悉。如对"四项基本原则"的具体内容，有59.6%的被调查者能准确说出，有36.6%的被调查者能大致说出。

第二，在对科学发展观和建设生态文明的认同方面，认为科学发展观是

"党的一次重大理论创新"的知识分子占 36.6%,认为是"顺应了广大人民心愿"的占 25.8%,认为是"适应了新的发展要求"的占 38.1%。

第三,对中国未来的经济发展,选择"充满信心"的知识分子占 65.4%,选择"不太乐观"的占 20.1%,认为"无法预测"的占 14.5%。

第四,对当前党的知识分子政策,有 72% 的被调查者感到"满意"或"基本满意";关于当前知识分子与执政党的关系,有 67.1% 的被调查者认为"融洽"或"比较融洽"。

(四)对社会主义核心价值的认同

第一,在对社会主义核心价值重要观点的认同方面,有 76.3% 的被调查者认为爱国"是一位公民的基本素质";关于全心全意为人民服务,有 55.6% 的被调查者认为"每个人都应该做"。

第二,对"当前我国文化建设的关键",有 39.4% 的被调查者选择"普及主流文化教育",48% 选择"倡导社会文明风尚",22.4% 认为是"促进文化机制创新",6.9% 选择"开发文化产业"。

第三,知识分子肯定信仰对人生的价值和意义。调查显示,认为信仰对人生"十分重要"的占 50.7%,认为"比较重要"的占 36.3%。

同时,统计结果也显示出尚不尽如人意的一面:第一,对主流文化存在认识盲区。比如,关于"中国特色社会主义理论体系是马克思主义中国化最新成果"的观点,有 25.6% 的被调查者表示尚不清楚。第二,在主流文化认识方面存在误区。

二、知识分子与主流文化的内在关联

调查结果说明,当代我国知识分子对主流文化的认同呈现出的主导面是值得充分肯定的,这也是长期以来党对知识分子工作实践的基本面和主流。

但不容否认，目前还存在不同程度的认识误区和盲区。因此，深入分析探讨知识分子和主流文化之间的内在关联性，对于我们强化认识、寻找对策具有积极意义。

（一）主流文化的品质要素与知识分子群体特征具有内在契合性

促进文化认同必须遵循思想文化的内在规律。研究表明，主流文化的科学性品质与知识分子追求真理的群体品质相契合，主流文化的创新性品质与知识分子求新求变的学术追求相契合，主流文化的包容性品质与知识分子善于比较选择的思维方式相契合，主流文化的实践性品质与知识分子关注现实的社会责任感相契合，主流文化的广泛代表性品质与知识分子关切民生的大众情怀相契合。知识分子对主流文化呈现出的基本认同，与这些契合要素的内在对接密切相关。但与此同时，部分盲区和误区的存在，则与之契合度有限有关。因此深入挖掘主流文化的内在品质与知识分子群体特征的相关性和对接点，充分彰显主流文化的品质特征，善于激发知识分子的群体特性，对于促进其认同意义重大。

（二）主流文化具有天然的社会传播优势

主流文化作为当今中国的执政文化，具有一系列得天独厚的政治优势。主要包括国家制度的设计优势、主导社会舆论的政治优势、掌控媒体组织的组织优势等。通过这些优势，党对知识分子在认同主流文化方面，通过一系列主要途径取得了积极的成效。

比如，教育型认同途径，即通过国家教育制度设计的系统性学习认识过程；舆论型认同途径，即日常生活中的各种媒体的舆论引导性过程，据调查，有超过70%的知识分子喜欢通过电视、报纸和网络渠道了解国家大事；体验型认同途径，即通过一定或相关的社会观光考察，亲身感受国家发展的过程；职业型认同途径，即通过从事哲学社会科学教育专业和新闻媒体等文化岗位工作认同的过程；活动型认同途径，即通过参与国家组织的集中教育活动认同的过程。不可否认，这些途径为知识分子认同主流文化发挥了极其重要的作用，但同时也必须承认，这些传统途径也遭遇了前所未有的挑战，其效果明显低于预期。

（三）主流文化可以为知识分子实现人生价值建功立业提供时代坐标和现实文化场域

主流文化是当今中国占主导地位的文化，它所描绘的当代中国发展蓝图，尤其是正在展开的有中国特色社会主义建设事业，不仅能够最大限度地为知识分子提供建功立业的时代舞台，而且也被实践证明是唯一能够带领中华民族实现伟大复兴的正确道路，这与知识分子报效祖国的群体追求相一致。

这种富有正能量的主流文化场域，一方面为知识分子确定实现个人人生价值与国家建设事业坐标的重合点提供了重要的时代背景，另一方面也是不断激励知识分子拼搏奉献、建功立业的强大精神力量。

（四）文化价值多元、社会变革剧烈、西方文化渗透等，给知识分子对主流文化的认同带来严峻挑战

第一，文化是环境的产物。我国40多年改革开放带来的社会经济成分、生活方式、经济利益、社会组织形式、就业岗位和就业方式的多样化，导致了社会文化和价值的多元。

第二，随着经济全球化步伐的不断加快，世界范围思想文化的交流、交融、交锋日益频繁，西方敌对势力对中国的文化渗透日益广泛，而知识分子则是其渗透的重点对象。

第三，文化是社会相对稳定发展的产物，社会变革迅速导致主流文化建构缺失，主要体现为文本权威缺失和价值权威缺失。文本形态是政治文化赖

以存在和征服社会、树立权威的重要方式。当代中国的主流文化，由于社会变革迅速，缺乏系统严谨的文本建构，与人们对科学理论体系的经验性期待不符，容易导致认同的文本权威障碍。而价值权威障碍，主要体现在其所倡导的价值体系在计划经济时期由于"左"的指导思想，导致其价值观念超越社会发展的阶段实际和人们的思想实际，缺乏现实的引领力；改革开放以来，由于过于注重物质层面的发展，再加上对计划经济时代价值观的颠覆和否定，新的价值文化建构相对滞后，对人们思想道德的社会引导和约束过于松散，导致价值观断代和真空，出现价值多元和混乱现象。

第四，主流文化的社会传播方式与快速发展的信息化趋势不相适应。选择适当的传播手段是促进文化认同的重要途径。信息技术的发展和普及，在很大程度上改变了我们的思维和生活方式。人们对信息的获取方式，不再依靠传统的纸质媒介和会议方式。由于知识分子脑力劳动方式的特殊性，对现代信息技术手段具有天然的亲近和青睐。而长期以来，由于种种复杂的原因，主流文化在传播手段信息化方面相对滞后于其他文化，往往习惯于开大会、作报告、发报纸等传统方式，导致其在覆盖面、即时性、多样化、直观化、信息量等方面呈现相对弱势，在一定程度上影响认同效果。

三、促进知识分子认同主流文化的疏导对策

促进知识分子对主流文化的认同，需要在准确把握思想文化认同规律和知识分子认同特点的基础上，进一步强化主流文化自身建设与传播效能。

（一）强化疏导理念

第一，强化遵循思想文化内在规律的针对性疏导理念。文化认同作为一个思想文化命题，是由多方面因素共同作用的结果。过度使用行政手段不易于激发认同主体的自觉性和主动性；过度彰显行政手段的强制性功能，会诱

发其逆反心理，增加认同阻力，弱化认同效果。认同主体在选择和接受主流文化的过程中，一般存在需要驱动规律和自主选择规律。主体文化认同需要的广泛性决定了实现疏导途径的多样性和针对性。知识分子的需要驱动主要体现在精神文化归类、文化享受、思想认识提升和专业追求等方面。自主选择规律是指认同主体在对主流文化的接受认同过程中的主动性和目的性，即自觉性和能动性特征。表现为主体在多元文化基础上的比较选择性认同，价值判断基础上的价值求同性认同，对先进文化的吸引性认同，等等。

第二，强化以教育引导为主的过程性疏导理念。转变过分依赖灌输方式的观念。灌输式教育是指有目的、有计划地进行相关理论的系统教育的传统教育方法。对知识分子来说，主流文化建设的落脚点需要从偏重"外部"灌输转向注重"内外共生"。一方面，认同主体随着知识、阅历、修养、环境等的不断发展变化，其对主流文化的内在需要也会不断提升；另一方面，主流文化本身也是一个开放的体系，正是由于二者都存在一个不断发展建构的动态统一过程，需要进一步强化疏导的过程性理念，因而不能期待一蹴而就。

第三，强化关注成才需要的发展性疏导理念。知识分子往往把最大限度地实现人生价值视为毕生的追求，而主流文化则是唯一能够为之提供用武之地的文化。实践证明，知识分子自我实现的追求与其对主流文化认可的程度往往成正比关系。知识分子从事的行业主要是知识、文化的创造和传播领域，属于人类精神财富的积聚层面，这种工作需要耐得了寂寞。尽可能减轻他们"为稻粱谋"的疲惫程度，会增强其对主流文化的认可度和亲近感。

第四，强化发挥自身优势的选择性疏导理念。切实克服当前宣传存在的"官话""套话"现象，增强对主流文化的亲近感。主流文化、精英文化、大众文化虽然各自的总体目标、核心内容、面对群体、表达方式均不相同，但其内容却彼此交叉，表达方式也相互影响。必须大力推动三者之间的良性互动，使主流文化以其比较优势，赢得知识分子的认同。增强主流文化的包容度和开放性，就是在允许文化存在差异性和多样性的同时，不断从所引导的其他文化中汲取新鲜、合理的成分，在巩固自身主导地位的同时赢得动态发展，取得相对的比较优势。

（二）完善疏导路径

第一，坚持科学性，增强兼容性，体现多样性。主流文化需要通过汲取传统文化精华和广泛借鉴世界文明成果，来建构和不断完善其科学体系，充分彰显其科学魅力。知识分子在思想观点和价值观念的选择上存在着较大差异。主流文化的任务不是也不可能规避、消灭其他文化形态，而是要将不同理论流派的冲突规范化，"使适当的争论成为主流意识形态的活力源泉"。

允许知识分子在经过自我体悟之后，实现对主流文化的理性认同。主流文化在形式上要尽可能摆脱以往生硬、造作、板起脸来教训人的架势，除了有计划、有组织、分步骤的理论学习和集中教育之外，应着重在日常工作生活中通过观念引导、典型引导、热点引导等方式潜移默化地实现疏导。通过丰富多彩的文化载体和形式多样的文化产品，使人们乐于接受。比如，借鉴大众文化的时效性、现实性、时尚性和普及性等特点，并以真实性赢得传播的良好信用和效果。

第二，增强时代性，强化畅通性，注重实效性。进入21世纪以后，手机、互联网等现代信息手段越来越普及，也越来越成为人们获取文化信息、传播思想观点的重要载体。"网络传播的全球性、开放性、交互性、匿名性等特征打破了国家对信息的垄断和控制，形形色色的各种主义、思潮并存于网络空间中，主流意识形态一统天下的局面已被打破"，现代信息手段作为一种工具，任何文化形态都可以利用。

主流文化要利用网络平台对一些重大理论和现实问题作出深入浅出、令人信服的阐释；对网上的不实信息，要善于用事实说话，使谣言和谎言丧失存活空间；以现代信息手段的即时互动功能，使之在思想交流、交锋和对话中促进认同；在网评中善于运用"网言网语"循循善诱，做到有的放矢，以情动人、以理服人。

第三，注重对等性，强化体验性，增强典范性。当前我国知识分子认同主流文化途径中的体验型认同具有认同感受的深刻性和认同结论的由衷性、持久性等特点。引导知识分子参与主流文化的构建过程，有利于促进其深入了解。当前我国主流意识形态"作为政治标签的刚性特征正在逐渐被学术研究的理性话语所替代，意识形态日益渗透到学术研究之中，通过学术思潮、学术话语等加以表达"，这种趋势既是知识分子参与主流文化建构的一种反映，也是进一步推进主流文化的科学性建设，在交流协商中促进其认同的双赢选择。

社会实践体验是增进文化认同的基本途径。通过蕴含主流文化的场景教育和实践体验，能够强化认同主体对主流文化的接受情感、接受信念和接受意志。到各种类型的革命纪念馆、博物馆、革命老区、革命战争遗址、改革开放的前沿地区进行场景体验等，都是运用典范效应，在为其带来心灵触动的基础上增进对主流文化认同的有效路径。

第三章 当代中国大众文化生态研究

第一节 当代中国大众文化圈层
及其社会形态构成

大众文化圈层是当代中国文化生态系统中的主体圈层，也是改革开放以来发展最为迅速、价值最为多元、内容最为丰富的社会文化圈层。相对准确或比较符合实际地界定其概念、相对全面和客观地描述其社会存在的具体形态，对促进人们深入了解和把握其发展现状，认识其生成与发展的内在规律，具有重要的理论和现实意义。

一、大众文化的概念及其论域界说

当代中国的大众文化圈层是指伴随当前社会发展应运而生的、被广大民众广泛认可并在精神生活中被普遍消费的文化。该文化圈层是我国改革开放以来发展最为迅猛并呈现出多元价值的文化。也是当代中国文化生态体系中最为活跃、最为时尚的文化现象。

（一）关于当代中国大众文化的概念

大众文化的概念最初是从西方传过来的，从葛兰西的文化霸权理论，到法兰克福学派的文化工业理论，众说纷纭，莫衷一是。关于大众文化的界定，有人最初是从剩余文化的角度来表述的，即认为大众文化是高雅文化和传统文化之外的文化，是一种杂糅式的或叫作乌合之众式的、低俗的文化。很明显，这种定义表达着一种对大众文化的鄙视和贬义。也有人说大众文化与大众无关，既不是大众作为主体所创造的，也不见得是大众们作为受体所喜欢的，而是被精英阶层赋予的，是大众们不得不接受的文化。笔者认为，这种说法也许在其他社会形态中曾经存在过，但与当代中国社会主义制度下的大众文化状况不相吻合。

大众文化概念的界定之所以像文化的概念一样显得如此见智见仁、众说纷纭，其最主要的原因是人们界定的视角、前提、标准、论域等出发点各有不同。从字面的意义上说，大众文化一般是指一个地区、国家被大多数民众所信奉或接受的文化，是大众社会的产物，往往通过大众文化传媒来传播和实现。也有人从工业化和城镇化的意义上予以界定，认为大众文化是兴起于现代都市的、与当代大工业密切相关的、以现代传媒为介质大批量生产的、由民众的消费意识和消费习惯所推动和引导的，具有时尚化运作方式的一种文化形态。具有商品性、通俗性、流行性、娱乐性以及对大众传媒的依赖性等特点。认为中国大众文化兴起于 20 世纪后半叶，具有人文化、科学化、国际化、民族化的发展方向。也有人综合二者，认为"大众文化是以大众媒介为手段、按商品规律运作、旨在使普通市民获得日常感性愉悦的体验过程，包括通俗诗、通俗报刊、畅销书、流行音乐、电视剧、电影、广告等形态。"① 笔者认为，本书所讨论的大众文化，是指以广大普通民众为创造主体、欣赏主体和传播主体、以市场为生产和传播动力的、以产品为载体的、以现代通讯和传媒技术为传播手段的、与主流文化、精英文化等社会文化圈层相对应、相区别的社会文化现象。

---

① 王一川：《大众文化导论》，高等教育出版社 2004 年版，第 8 页。

（二）关于当代中国大众文化的论域

笔者所指的大众文化，从时间维度上讲是指当代，从空间维度上讲是指中国。而且，这里所指的大众文化，既不是精英文化、主流文化之外所剩余部分的文化，也不是被其他人所赋予的文化，而是完全由当代中国的民众所创造、所传播、所消费、所分享的文化。也就是说，当代中国的大众文化产生和发展的动力来自大众，创造的主体依赖大众，文化热点的兴起离不开大众，文化消费的主体仍然是大众，是真正意义上依靠大众生产、传播和分享的文化。而且，从宏观意义上看，当代中国大众文化产生与发展初期的自发性多于主导性；其现象和形态发展过程中所体现的社会性多于政治性。但是随着大众文化的发展，却越来越具有文化民生和促进民众政治参与的意蕴。

（三）关于当代中国大众文化的特征

有人认为，大众文化具有"媒介性、商业性、流行性、时尚性、类型性、娱乐性、世俗性、后现代性"[①] 等。笔者认为，当代中国大众文化的特征是因其商业性和媒介性而产生，因其流行性和时尚性而兴盛，因其世俗性和娱乐性而流行，因其直观性和多彩性而欣赏者众。

与此同时，还具有文化民生和大众政治参与的特点。所谓文化民生，是基于当代中国文化发展的宗旨和目标是为了满足民众日益增长的精神文化需求，因此文化服务本身就是民众生活的重要组成部分。中国大众文化的基本构架体系是政府提供的公共文化服务体系，这是中国大众文化最鲜明的特色。

另外，所谓大众政治参与特点，是指当代中国大众往往通过参与文化生活了解社会时政，通过文化媒介平台参与社会管理，通过文化媒介平台反映政治诉求、表达社情民意等，体现了鲜明的大众政治参与特点。

---

① 莫林虎：《大众文化新论》，清华大学出版社 2011 年版，第 11 页。

二、当代中国大众文化圈层的社会存在形态构成

讨论一种文化圈层的社会存在形态构成，就像概念的界定一样，同样可能呈现见智见仁的状况。诸如《大众文化新论》中的分类就是："通俗小说；大众报刊；电影；电视；流行音乐；动漫文化；商业戏剧；互联网文化；时尚文化；广告文化等"[①]。所以，首先必须明确或者统一其划分或者分类的依据。一是从文化现象存在的方式。包括生产方、消费方。诸如媒体舆论，这里强调的是反映民意的媒体舆论，意在与主流文化圈层中由官方发布的媒体舆论有所区别，同时该圈层的媒体舆论不管是提供方还是消费方都是其相应文化意愿的选择。二是其在社会文化生活中的广泛程度。诸如不管是媒体舆论形态，还是网络微信形态，充斥在民众生活的方方面面，似乎无处不在，无处不有。几乎都成为所有民众须臾不可离开的生活构成部分。三是与民众日常生活的密切程度。当今中国，随着物质生活的不断丰盈，精神文化生活已经成为广大民众日常生活的重要组成部分，不仅从可支配收入的文化消费比例来看，还是从民众对社会媒体和自媒体的依赖程度来看，均已经成为一种不争的事实。

笔者认为，当代中国大众文化存在的社会形态主要有：反映民意的媒体舆论；贴近生活的网络微信；婚丧节庆的社会风俗；热点迭出的文学影视；假日繁忙的旅游休闲；丰富多彩的社区活动；永不停息的流行时尚；等等。

（一）反映民意的媒体舆论形态

反映民意的媒体舆论是大众文化的重要形态之一。所谓反映民意的媒体舆论形态，是中央广播电视总台和各省市的卫视新闻中与民意相关内容以及所有其他栏目、除了日报之外其他地方晚报等，官方网站的民意内容，以及

---

① 莫林虎：《大众文化新论》，清华大学出版社 2011 年版，第 22 页。

网络平台，尤其是民办的各类媒体所发布的与新闻热点相关的新闻信息，发挥了对民众的舆论关注予以满足的作用。其与主流文化的区别在于其内容主题更为贴近民众现实生活，其表现形式更为灵活多样，其语言表达更为生动朴实，更接地气。这里所谓的反映民意的媒体舆论形态，除了官方媒体中的民意表达部分之外，更多的则是民间媒体，尤其是自媒体所传播的大量的反映民众意愿或者与百姓日常生活密切相关的新闻或热点信息。从现实来看，媒体舆论对人们日常生活影响的广度和深度正日益加强。调查显示，媒体舆论形态是大多数普通民众日常文化生活最具经常性、基础性，或者说是最具生活惯性的文化消费种类。

（二）贴近生活的网络微信形态

所谓网络微信，从最初的手机短信，到后来的个人微博，再到现在的手机微信，其传播方式越来越便捷，使用的网民也越来越广泛。网络微信虽然也属于现代媒体，但与上述所涉及的媒体相比较，却具有自媒体的显著特征。网络终端和手机微信等，已经具有更多的个性掌控特征，完全可以根据个人文化偏好进行选择阅读，并方便开展个人与平台之间、个人与个人之间即时的交流互动。这一点是与上述的广播、电视、报纸、杂志等单向媒体有所区别的。

尽管现在的电视终端和广播也具有一定的互动性能，但毕竟不够私密，在时间和空间上远远没有网络微信那么即时、私密和便捷。随着现代信息的发展，我国已经进入了自媒体时代。据统计，当代中国手机的普及率已经达到70%以上，除了一些老年机之外，智能手机的拥有者几乎都是网民。因此，电脑网络和手机客户端已经成为人们了解外界信息和开展社会交往的重要通道。网络微信的信息源流不仅无限强大，而且特别容易让人们产生阅读的习惯性依赖。许多人已经无法适应完全离开手机和电脑的生活。

（三）婚丧节庆的社会风俗形态

婚丧节庆的社会风俗，是所有区域和时代大众文化的窗口剪影。因为只要是生活在当今时代的每一个人在其生活和生命的历程中都必然要经历并亲身体验这些社会风俗。当然，由于一方面，中国的地域幅员辽阔，民族众多，不同民族的婚丧节庆文化差异较大；另一方面，数十年来，中国社会的快速变迁，婚丧节庆文化的传统与现代、古典与时尚之间的张力较大，给了人们较大的选择空间。所以，大众文化的社会风俗形态就显得格外五光十色，精彩纷呈。这些婚丧节庆风俗既体现着特定区域社会文化的传承，又标志着其文化的更新与时尚，也是人们最个性、最重视、最用心选择和演绎的文化审美与追求的表达。

改革开放以来，中国社会的婚丧节庆文化风俗经历了巨大变迁。以婚俗文化为例，人们从改革开放前崇尚发一包喜糖、吃一顿团圆宴为基本格局的习惯，开始依据个性需要，举办盛大的西式或中式婚礼。饭店、教堂，场面越来越大，宾客越来越多。所以，婚纱照、婚礼服也越来越昂贵。就丧礼文化而言，也经历了巨大的变迁。从过去的传统土葬习惯，到城镇人口基本实行火葬。从繁杂的传统土葬仪式，改为送花圈、举行追悼会、进行遗体告别。而当今，又开始出现并且流行把骨灰撒进江河湖海的水葬；以及把骨灰埋到大树下，或者花木中的生态葬。尤其是每年一度的清明节祭祀仪式，也由过去的烧纸逐渐改为了鲜花祭祀，或者在网上进行电子祭祀，完全没有污染，仅仅表达对先人的怀念与哀思。

总而言之，不管中国婚丧节庆文化如何改变，但中国人的中国文化情结依旧，中国文化元素的保留依然鲜明，中国人的民族文化情怀依然浓烈。当代中国的婚丧文化习俗体现着明显的传承和时尚元素的融合。

（四）热点迭出的文学影视形态

文学影视欣赏是人们业余文化消遣的重要形式之一，也是反映和折射社会整体文化生态的重要窗口之一。改革开放以来，我国的文学影视的文化舞台曾经先后流行过情爱文学影视、武打文学影视、悬疑文学影视、宫廷文学影视等主题的文学影视作品，许多相关作品曾经成为不同年龄群体和不同层次人们热捧的对象，极大地丰富了人们精神生活的餐桌。

就文学而言，诸如情爱文学，从"琼瑶热"，到"三毛热"，读醉了几代文学青年；诸如武侠文学，"金庸热"历经数十年；还有所谓的"伤痕文学"，乡土文学等。从影视来看，从 20 世纪 80 年代的《庐山恋》《小花》《霍元甲》，到后来以都市爱情、乡村爱情为主题的电影、电视剧，包括又长又慢的韩剧，都曾经产生过万人空巷、热极一时的社会现象。即便是我们看了数遍的《地雷战》《地道战》，也都曾发挥了丰富百姓影视餐桌的巨大作用，成为大众文化中文学影视形态发展中不可忽视的重要篇章。

（五）假日繁忙的旅游休闲形态

旅游休闲原本是人们在物质生活丰富之后急于想打开自己的眼界，寻找另类生活体验的必然选择。"世界这么大，我想去看看"，成为许多人努力创造条件、积极外出旅游的原动力。借助于中国的节假制度安排，中国的旅游文化现象热度始终不减。乡村游、城市游、名胜游、情怀游、国内游、国外游等，日益成为人们文化消费的重头戏。

休闲旅游，原本是人们富裕之后产生的一种正常的休闲文化需求，但在不少地方和部分人群中却呈现出一种浮躁的社会攀比心态。似乎把外出旅游作为一种衡量其经济条件、雅致心情、社会时尚的重要标准，谁如果哪里也不去，似乎就远离了这种时尚，就有些与社会脱节的感觉。不少经济能力有限的人往往因此而增加了经济和时间付出的负担，甚至为旅游所累。尽管如此，满足民众正当的旅游需求是国家和社会义不容辞的责任和义务。国家为了动员更广泛的资源，在管理格局上实现了文化与旅游的合并。体现了国家对民众旅游文化需求的高度重视和制度安排。

（六）丰富多彩的社区活动形态

社区活动是人们日常性文化消遣的基本形态，也是体现和反映当代中国广大民众日常文化审美向往和文化行为选择的重要窗口。像读书阅览、棋牌和球类运动、合唱团、广场舞、戏曲角、健身操等，已经成为当代中国最为大量的人口追求健康体魄和品质生活，乃至个人价值体现的重要方式。

当代我国以政府为主导正在努力构筑的公共文化服务体系则是为不断满足民众这一文化生活需要的迫切之举。公共文化服务体系所倡导的标准化、均衡化、数字化等原则，正在以国家投入为主体，动员社会力量广泛参与，以不同层级的文化馆、图书馆、博物馆为基本依托，让广大民众不断实现文化权利平等，不断缩小文化需求满足差异，在某种意义上构架了当代中国大众文化的基本格局与主体主流。

（七）永不停息的流行时尚形态

包括流行音乐、流行艺术、流行服饰、流行家居装饰、流行饮食等。就流行音乐而言，像通俗歌曲、摇滚音乐、说唱音乐等；流行艺术，像朦胧画、街舞、街头人体艺术等。流行时尚文化是大众文化生态中色彩斑斓的亮点，不断地推送着一波又一波的时尚浪潮。

在流行音乐艺术方面，从 20 世纪 80 年代初期的邓丽君情歌热，到后来的摇滚热；从迪斯科热，到街舞热；从朦胧诗，到朦胧画……在服饰时尚方面，80 年代初期广为流行的喇叭裤、牛仔装、布拉吉，一扫中国人长期形成的以军绿、黑白灰等颜色为基调的传统着装审美习惯；改中山装为西装、夹克，再到当今充满中国古典元素的唐装、旗袍等，衣服选择的色彩越来越丰富，款式从宽大到修身，再从修身到宽大；从简单到复杂，再从复杂到简单，一轮又一轮地不断刷新着时尚的风景。

第二节　当代中国大众文化现象及其成因

大众文化是当代中国文化生态中最抢眼的文化圈层。其抢眼的定位不仅来源于其发展的异常迅速，还在于其热点的层出不穷，形成了精彩纷呈的文化现象。本节拟通过简要梳理当代中国大众文化现象的兴起及其成因，旨在深入探讨文化现象背后的因素，以便寻找规律，促进其更好的发展。

一、当代中国的大众文化及其现象

为了深入考察和审视当代中国的大众文化现象，必须首先明确其概念界定及其所指论域。

（一）大众文化的论域

有学者认为，"大众文化是指兴起于现代都市的，与工业生产体系和消费领域密切相关，以现代传媒为介质的文化产品与文化形态。一般而言，通俗性、流行性、商品性、娱乐性构成了大众文化的基本特点"[1]。

一般来说，大众文化通常是指一个地区、国家被一般民众所信奉或接受的文化，是大众社会的产物，往往通过大众文化传媒来传播和实现。是兴起于现代都市的、与当代大工业密切相关的、以现代传媒为介质大批量生产的、由民众的消费意识和消费习惯所推动和引导的，具有时尚化运作方式的一种文化形态。其特点为商品性、通俗性、可视性、流行性、娱乐性以及对大众传媒的依赖性等。

笔者认为，除此之外，中国的大众文化还具有重要的民生特性。文化民

---

[1]　闫方洁：《自媒体时代意识形态工作研究》，人民出版社 2018 年版，第 270 页。

生要解决的主要问题是社会大众的精神生命的安顿问题，文化民生的解决与发展最终还是要通过生活化的方式来完成。在现代社会中，文化民生主要表现为通过文化产业的发展为大众提供健康、丰富、多样、向上的文化产品，保障大众文化创造、文化选择、文化消费、文化休闲的权利。也就是说，大众文化建设构成了文化民生的基本内涵。

中国大众文化兴起于 20 世纪后半叶，具有人文化、科学化、国际化、民族化发展方向。在当代中国的文化生态中，大众文化俨然已经成为非常重要的、生机勃勃的、举足轻重的一极，发展极为迅速，在初期呈现明显的自发性发展态势。其在社会整个文化系统中的表现极其活跃，其特征之一是一种文化热点与另一种文化热点之间转换的周期越来越短。

（二）当代中国大众文化所呈现的主要文化现象

当代中国的大众文化之所以引人注目，一个非常重要的原因在于它不断演绎了一个又一个精彩纷呈的文化现象，就像一部电视连续剧一样，高潮迭起，热度不减，始终驰骋在社会文化舞台的中央，从不曾淡出，也没有任何力量能够使之边缘化。这些文化现象主要有：

1. 流行文化现象。流行文化是与传统文化和高雅文化相对应而存在的。一般来说，人们往往认为传统文化过于保守，而高雅文化则过于阳春白雪，理论上高居庙堂，现实中却和者甚寡。而流行文化，则恰如词义，一经出现，便很快在社会上广泛流行，似乎总能够触及社会普通人群精神需要的痛点和痒点，引发众人的喝彩、模仿甚或痴迷。

流行文化一般包括，其一，流行音乐。诸如通俗歌曲、摇滚音乐、说唱等。其二，流行文学。包括武侠文学、言情文学、探案文学、宫廷文学等。其三，流行艺术。包括现代舞、街舞、广场舞、街头雕塑、街头真人秀等。

回顾和审视当代中国大众文化发展的轨迹，可以发现，流行文化是当代中国大众文化中最为多彩和酷炫的篇章。曾记得，当年以邓丽君为代表的温情歌曲，曾经让多少男女老少久听不厌。尽管当时在人们的文化审美中还存有所谓靡靡之音的顾虑，以至于使人们的欣赏变得并不太正大光明，但仍旧挡不住其快速的传播。在流行文学方面，对人们影响较大的不外乎以琼瑶为代表的言情小说和以金庸为代表的武侠小说。琼瑶的言情文学，几乎影响了整整一代的年轻人，让她们爱不释手，如痴如醉。而金庸的武侠小说，几乎成为年轻人们阅读的时尚，交流的语言背景，似乎谁不了解其中的角色和经典台词，就会显得特别的落伍一样。

流行文化的主要功能一般是抒情和娱乐。诸如言情小说的魅力主要在于其浪漫性，包括主题的浪漫性，即爱情往往是其重要甚至唯一的主题；故事的浪漫性，即男女主人公往往会偶然相遇，却会一见钟情，而故事情节往往离奇曲折，非常煽情，让人不舍，和主人公一起悲喜与共；而语言往往通俗易懂，让粗通文字的人都能毫无障碍地参与其中，从而争取和娱乐了大量的读者，体现了大众文化的魅力。

2.偶像文化现象。偶像文化，是当代大众文化的重要现象之一。主要包括选秀文化现象、粉丝文化现象等。据资料记载，这些选秀文化和粉丝文化现象，最早来自西方和港台地区，是电视等媒体迎合媚俗文化的产物。其中选秀文化包括区域小姐、世界小姐选拔；超男、超女选拔；再到当今的达人秀等，极大地丰富了电视节目的档期，成功地吸引了时尚观众的眼球，推出了一代又一代的演艺人才。

所谓粉丝文化现象，则是随着电影电视节目的不断丰富，一代又一代的一线当红男女艺人，收获了数量不等的所谓观众粉丝，尤其是其中的青少年，他们视这些演员为崇拜的偶像，除了追看他们所演的剧目之外，还非常关注他们的情感生活和着装饰物等细节。为了得到偶像的签名，可以千里迢迢去追星，彻夜不眠地在机场、住地等待，甚至为了维护偶像的声誉和出言不逊的人大打出手……几乎陷入痴迷的境地。所以，也有人称那些过度痴迷的偶像崇拜者为"脑残粉"。可见，偶像文化和粉丝文化对青少年的影响相当地大。

3."微文化"现象。"微文化"是伴随互联网应运而生的文化现象。从最初的手机短信文化，到后来的电脑"微博文化"，再到当前的手机和电脑"微信文化"，在整个过程中经历了快速地更新换代，不断地扩大文化的传播速度和传播范围。据说，在当前中国大约8亿的手机用户中，80%的持有者经常性地阅读和转发微信。

可以说，"微文化"现象已经成为影响人们文化生活的最重要的方式之一。"微文化"的内容覆盖可以说应有尽有，无所不在。从政治新闻，到经济信息；从国家大事，到名人八卦；从心灵鸡汤，到励志箴言；从高雅文学，到滑稽搞笑，所有人都可以按照自己的文化喜好，选择相应的公众号，结交自己的朋友圈。据统计，手机阅读基本上成为当代国人最重要的阅读方式。而"微信文化"又是其中最重要的内容。甚至可以说，人们对手机的依赖，大多数体现在对于微信的严重依赖，成为普通人实现社交愿望的重要途径和手段。

4.时尚文化现象。时尚文化是现代流行文化的重要载体之一。主要包括服饰时尚、发型时尚、婚礼节庆时尚、居家装饰时尚、建筑风格时尚等方面，是人们在审美观念方面对相关外来或新鲜的文化元素在相应领域使用的认可和追捧。其中服饰时尚是变化最为快速的典型代表。

从20世纪80年代初用喇叭裤、布拉吉，到西装、夹克等，最先把中国人的着装习惯从黑、白、灰、绿的传统色彩和中山装等传统样式中解放出来。就服装的款式时尚而言，也是从修身到宽大，再到修身；就附属饰物而言，从复杂到简约，再从简约到复杂。人们在时尚的追逐中，不断地展示着自己的审美个性和被时尚标准认可的身份地位。

5.休闲文化现象。休闲文化是21世纪初在中国逐步兴起的大众文化形态。主要包括：其一是休闲娱乐，诸如在KTV唱歌，在公园、广场参加地方戏曲的演奏、演唱；或者参加民族歌曲的演唱、参加民族舞蹈表演、参加健身舞蹈表演等活动。其二是休闲旅游。这是休闲文化的主力军，也是中国老百姓富裕起来之后最强烈的和最重要的休闲活动项目之一。从一开始的假日游，到后来的周末游。从最初的城市游，到现在的乡村游。从国内游，到国外游。从山水游，到人文游。从一过性的短期旅游，到长期逗留的深度游。在某种意义上，也包括当前的候鸟现象。即冷天到相对温暖的地方去过冬，热天到相对凉爽的地方去避暑等，都可以被称作是休闲旅游的升级版。中国老百姓正越来越充分地实现着看世界和体验享受自然的愿望。

6.公共文化服务现象。这一点可以说是完全的中国特色。我国在发现民众文化需求快速增长而社会文化供给满足不够充分的背景下，从 20 世纪末开始着手建立全国性的公共文化服务体系。以政府提供为主、社会参与为辅，大力倡导和推行公共文化服务的标准化、均等化、数字化。这种决策，基于"公共文化产品的特殊性。文化是人们经过长期的社会实践，逐渐创造和形成的一种特殊产物，能够反映人类社会的精神世界和物质生活，所以公共文化服务不仅与个人的精神意识息息相关，还涉及国家领域内的文化建设；不仅为个人提供娱乐和思想发展的作用，还具有在全社会范围内形成社会道德、社会文化、和谐友好的社会氛围的目标"①。

二、当代中国大众文化兴起的成因

当代中国大众文化兴起是一种复杂的社会现象。笔者认为，其主要原因在于市场经济的推动；城镇化人口的聚集；现代信息技术的发展；大众文化需求的增长和中国对外开放政策的推动。

（一）市场经济推动的因素

众所周知，市场经济作为一种经济发展的模式，会在很大意义上影响和改变人们的社会存在和生活方式。就其与大众文化兴起的关系，主要在于广

---

① 王琳琳：《公共文化政策理论与实践》，中国广播影视出版社 2017 年版，第 93 页。

泛催生了人们的自主意识；促进了文化的产业化和商品化；培育了人们的文化消费意识。

1. 市场经济广泛催生了人们的自主意识。众所周知，人永远是文化的主体。所有文化的创造均来源于人类对文化的需要。所有文化的存在也是为了满足人们不同层次的精神需要。众所周知，市场经济是主体经济，离不开市场主体的参与。经济生活中必备的主体意识，自然而然地会激发人们的文化主体意识。包括精神需求的独立性和差异性，文化需求的时尚性和个性等。这种精神文化方面越来越强烈的自主意识，有力地促进了文化需求的表达和文化消费的选择，催生了大量的现代大众文化主体，为大众文化的兴起奠定了重要的群体基础。

2. 市场经济促进了文化的产业化和商品化。市场经济就像一只无形的手，它可以把一切能够商品化的东西推进市场。把一切具有价值的东西变成商品。文化就这样被推进了市场。凡是有市场的东西都可以产业化。首先是出版社从事业单位变成了企业，然后，戏曲、歌舞等文艺团体也都先后改制，其演出变成了商业演出。再然后电视、电影、游戏、唱片等都纷纷在市场里竞争所谓的收视率、票房、销量。正是这种文化的产业化和商品化，才能够不断地满足广大老百姓快速增长的文化需求。

3. 市场经济培育了人们的文化消费意识。在某种意义上说，市场经济就像一所学校，他让人们学会通过市场去满足自己的许多需要，包括精神需求。人们开始体验不一样的文化消费，包括到 KTV 里去唱歌，到电影院去看 3D 电影，花相当不菲的价钱去看一场自己喜欢的歌手的演唱会，其至专程赶很远的路去看一场门票并不便宜的体育赛事，等等。类似文化消费占月收入的比例也越来越高，而人们会觉得这些都很正常。

（二）城镇化人口聚集的因素

笔者认为，城镇化与大众文化兴起的关系在于：人口聚集归类了人们的文化需求；促进了文化市场的规模化；催生了文化时尚圈的形成。

1.城镇化人口聚集归类了人们的文化需求。大众文化的特点是大众性。自主意识的觉醒促使人们改变了文化的从众心态，产生了文化需求的差异。但是，由于城镇化形成的人口聚集，无论存在多大差异的文化需求都会在人口相对集中的人群中找到同类项，从而形成相应的产品和市场的消费者群体。而这些被归类的文化需求，直接促进了相应文化产品和文化市场的产生和快速发展。

2.城镇化人口聚集形成了规模的文化市场。大众文化在很大意义上是能够被市场所满足的文化，而市场是讲究规模效益的，因而相当数量的人口聚集能够为相应市场的形成奠定消费人群的基础。在现代城市，随着交通的日益发达和便利化，文化消费的半径越来越小，快速促进了相应规模的文化市场的形成与发展，快速改变了过去长期存在的过于分散的居住环境很难形成比较成熟的文化市场的现象。

3.城镇化人口聚集催生了文化时尚圈的形成。文化时尚圈的主体是由欣赏和追逐时尚的人们所构成的。城镇化的人口聚集，不仅有利于人们不同层次文化需求的有效整合，而且让文化时尚信息的辐射区域变得非常集中和方便，人们在日常生活中时刻都能感受到时尚文化的浓厚氛围，并从中享受到时尚文化带来的欣赏的满足和心情的愉悦。

（三）现代信息技术发展的因素

现代信息技术突飞猛进的发展，对大众文化的发展至关重要。极大地促进了文化的传播速度、范围、频次和方式的便捷化；极大地方便了文化产品的量产与复制；促进了文化信息的即时交互。

1.现代信息技术革命促进了文化的传播。文化发展历史证明，文化的生命力在于传播。既包括不同空间、地域之间的传播，也包括不同时间延续性的传播。在传统技术背景下，文化似乎除了纸质的静态传播之外，大多靠的是人作为媒介而进行的传播，在某种意义上极大地限制了其传播的范围和速度。这一人类的局限和遗憾，因现代信息技术的产生而终结。随着互联网技术、多媒体技术尤其是自媒体技术的出现，文化传播的速度、范围和频度，发生了加速度的改变。尤其是便捷化程度也快速提升。

2. 现代信息技术方便了文化产品的量产与复制。陶东风主编的《大众文化教程》认为，"大众文化并不是任何社会形态都必然会出现的现象。而是随着工业文明、消费社会及大众社会的兴起而出现的文化形态，这是大众文化产生的社会文化基础，也是它的技术基础。"[①] 中国古代活字印刷术的出现使文化著述的复制发生了一场革命。而当代计算机带来的激光打印以及视频复制、互联网传输等技术的问世，使文化的传播变得空前快速与便捷。尤其是极大地促进了文化产品的低成本复制和大批量生产。

3. 现代信息技术促进了文化信息的即时交互。过去人们对文化的欣赏和消费往往是单方面的，诸如看书、阅读报刊，都是静态的。包括看戏、看电影，也都是作为一个观众而已。而现代信息技术的快速发展从根本上改变了这种状况。在互联网上，网民可以随时表达自己对所浏览的信息的看法。在当前普遍流行的微博、微信平台上，人们更是可以随时发表自己的感受。一些电视媒体的节目，更是开通了随机互动功能，观众们的反应随时都可以以文字对话的形式出现在大屏幕上，不仅主持人即刻可以看到，连其他观众都可以一览无余。可以说，现代信息技术的即时交互功能，让人们之间的交流变得畅通无阻，无所不能。

（四）大众文化需求增长的因素

大众文化需求快速增长是大众文化发展最直接的因素。其增长的前提来自物质的相对丰盈，增长的特征体现为个体差异带来的多元选择，多元需求

---

① 陶东风：《大众文化教程》，广西师范大学出版社 2012 年版，第 31 页。

助推了文化时尚的热点迭出。

1.物质丰盈促进大众文化需求增长。根据马斯洛的人类需求层次理论，人们在满足了基本物质需求之后，随着物质条件的不断丰富，精神文化方面的需求就会自然产生并相应增长。在当代中国，随着改革开放的步伐，社会物质财富不断丰富，人们的可支配收入快速增长，人们的精神文化需求像井喷一样快速增长。这种增长的快速性，使社会原有的文化资源和文化供应显得非常猝不及防和捉襟见肘。每年五一、十一长假期间十分拥堵的景区和道路可见一斑。

2.个体差异决定文化需求多元选择。如前所述，市场经济极大地促进了人们自主意识的觉醒。自主意识在某种意义上说就是独立意识，就像哲学中说的没有一片树叶是相同的一样，每一个人由于其所成长的环境、所接受的教育、所处的社会层次都存在程度不同的差别，所以他们的精神文化需求也呈现出各种各样的差异。有人喜欢安静地阅读或者听音乐，有人则可能喜欢许多人在一起热闹，喜欢"嗨"起来的感觉，诸如现场看演唱会，观看体育赛事，参加民族舞、广场舞，以及参加一些主题性的派对，等等。人们文化需求的差异性，导引了社会文化供应的多元性和丰富性，也助推了大众文化的精彩纷呈。

3.需求归类助推文化时尚热点迭出。由于城镇化带来的人口集聚，为人们差异性的文化需求的归类带来了便利。不管多么另类的精神文化愿望，都可能在社交平台上找到伙伴和知音。这种实现归类的文化愿望，推动着文化市场不断地予以满足。在这种不断被满足的过程中，不同类别的文化需要者们制造着一个又一个时尚的热点，就像不断升空的群星，把大众文化的星空映照得无比绚烂。

（五）对外开放国策环境的因素

对外开放的国策环境是大众文化发展的最直接因素。这是因为对外开放促进了文化的广泛交流，外来文化促进和影响了文化时尚的发展，外来文化丰富了人们的文化审美。

1. 对外开放促进了文化的广泛交流。20世纪70年代末期，为了扭转当时濒临崩溃的国民经济，国家果断实行了对外开放政策。随着国门的打开，西方文化潮水般地涌进了中国大众的视野。中国开始了一场数十年经久不息的文化开放过程。外来文化，尤其是相对优势的西方文化，一经进入中国社会，便与中国的民族文化相互碰撞、相互融合、相互竞争，为大众文化的发展带来了大量的外来文化元素。尤其是视觉文化元素和时尚文化元素。

2. 外来文化推动影响时尚文化发展。时尚文化是当代中国大众文化的重要和鲜活的内容构成之一。回看当年中国改革开放初期，几乎所有的时尚潮都与国外和境外的影响密切相关。究其原因，一是人们文化审美都具有求异的特点，对新接触的文化存有好奇和追逐的本能；二是就当时来看，西方和境外的大众文化发展相对领先于中国大陆，不少时尚元素具有相对成熟的市场运作经验，在一定意义上促进了时尚文化的兴起；三是广大中国青年出于求新求异、追求时尚的特殊年龄阶段，相对其他年龄群体在追逐时尚的潮流中发挥了重要作用。

3. 外来文化影响人们文化审美观念。人们对文化的选择既取决于文化传统，又受制于一定的文化审美观念和审美能力。外来文化元素在一定意义上首先争取了大量青年人的响应。因为中华传统文化具有相对内敛、相对含蓄的特点，相对于西方文化的热烈、奔放，更容易被年轻人所接受。包括在艺术与色彩审美上，西方的简约和柔和，相对于中国的浓烈和对比鲜明，也影响了一代中国的青年。但是，中国文化元素的根系，却是中国文化土壤中不可改变的基因，外来文化的影响，只能让人们多一种审美的视角，而不能、也不会从根本上改变中国人骨子里对中国文化传统的亲近和认同。

第三节　公共文化服务在大众文化中的
地位与作用

　　大众文化是当代中国社会文化中发展最为迅速，并且在整体文化生态中占据主体地位的文化圈层，同时也是体现广大人民群众不断增长的精神文化需求和最大限度地满足其需求的重要途径。公共文化服务是当代中国社会城乡大众文化的骨干和主体部分。对公共文化服务在大众文化中的地位与作用作深入系统的分析，对于强化政府对公共文化服务体系建设的职责使命及其引导支持，促进全社会对公共文化服务的认知、关注与参与，深刻认识大众文化的中国特色等意义重大。

一、当代中国公共文化服务与大众文化及其关系

　　为在内在逻辑的意义上厘清公共文化服务在大众文化中的地位与作用，必须首先明确界定本书所指的当代中国的公共文化服务与大众文化的概念及其论域界定，并在此基础上，厘清二者的内在逻辑关系。

（一）公共文化服务

　　对于中国来说，虽然公共文化服务这个词汇是 21 世纪才有的概念，但就发展公益性文化事业而言，在我国 1982 年版宪法中就有所明确。2004 年，在国家发展和改革委员会关于 2004 年经济体制改革的意见中的关于文化体制改革部分首次提出"要建立健全公共文化服务体系"①。在 2005 年 10 月党

---

　　① 《国家发展和改革委员会关于贯彻落实党的十六届三中全会〈决定〉精神推进 2004 年经济体制改革的意见》，《人民日报》2004 年 4 月 15 日。

的十六届五中全会通过的《中共中央关于制定国民经济和社会发展第十一个五年计划的建议》，再次提出"加大政府对文化事业的投入，逐步形成覆盖全社会的比较完善的公共文化服务体系"①。在 2006 年发布的《国家"十一五"时期文化发展规划纲要》中，则把公共文化服务列为仅次于理论和思想道德建设的第三大部分，要求"要完善公共文化服务网络；加强农村文化建设；普及文化知识；建立健全文化援助机制；鼓励社会力量捐助和兴办公益性文化事业。"②

2007 年 8 月，中共中央办公厅和国务院办公厅联合下发了《关于加强公共文化服务体系建设的若干意见》（以下简称 2007 年《意见》），强调要提高对公共文化服务体系建设的认识，并明确了该建设的指导思想和目标任务，提出了实施的一系列重大工程：包括广播电视村村通工程、全国文化信息资源共享工程、乡镇综合文化站和基层文化阵地建设工程、农村电影放映工程、农家书屋建设工程。要求增强公共文化产品的生产供给能力；创新公共文化服务运行机制；加强对公共文化服务体系建设的领导③。

2015 年 1 月，中共中央办公厅和国务院办公厅又联合下发了《关于加快构建现代公共文化服务体系的意见》（以下简称 2015 年《意见》），对此提出了包括指导思想、基本原则和主要目标在内的基本要求；要求"统筹推进公共文化服务均衡发展；增强公共文化服务发展动力；加强公共文化产品和服务供给；推进公共文化服务与科技融合发展；创新公共文化管理体制和运行机制；加大公共文化服务保障力度"④，并提出了国家基本公共文化服务指导标准。

---

① 《十六大以来重要文献选编》（中），中央文献出版社 2006 年版，第 1080 页。
② 《中华人民共和国国民经济和社会发展第十一个五年规划纲要》，《人民日报》2006 年 3 月 17 日。
③ 《十六大以来重要文献选编》（下），中央文献出版社 2011 年版，第 1134—1140 页。
④ 《中共中央办公厅、国务院办公厅印发关于加快构建现代公共文化服务体系的意见》，《人民日报》2015 年 1 月 15 日。

　　就公共文化服务的概念及其基本内涵而言，所谓"公共文化服务"，一般是指"由公共部门或准公共部门共同生产或提供的，以满足社会成员的基本文化需要为目的，着眼于提高全体公众的文化素质和文化生活水平，既给公众提供基本的精神文化享受，也维持社会与发展所必需的文化环境与条件的公共文化产品的服务的总称，具体包括公共图书馆服务、公共博物馆服务、文化馆服务、社区文化服务、各类公共文化平台建设、赞助扶持文化艺术的政策措施等。"①

　　当代中国的"公共文化服务体系"之概念，按照 2007 年中共中央办公厅和国务院办公厅联合下发《关于加强公共文化服务体系建设的若干意见》的说法，是按照结构合理、发展均衡、网络健全、运行有效、惠及全民的原则，以政府为主导、以公益性文化单位为骨干、鼓励全社会积极参与，努力建设以公共文化产品供给、设施网络、资金技术、人才保障、组织支撑和运行评估为基本框架的覆盖全社会的公共文化服务体系，切实保障人民群众看电视、听广播、读书看报、进行公共文化鉴赏、参加大众文化活动等基本文化权益。

　　当代中国公共文化服务体系的基本构成主要分为六大部分："即公共文化服务的权益主体；公共文化服务的责任主体；公共文化服务政策法规与制度安排；公共文化产品、服务及其供给（含供给主体、设施、投入、资源配置、人才、社会参与）；公共文化服务的技术支撑；公共文化服务的绩效管理"②。

　　当代中国公共文化服务体系建设的内容主要由两大部分组成，一是公共文化基础设施建设。包括以大型公共文化设施为骨干，以社区和乡镇基层文化设施为基础的图书馆、博物馆、文化馆、美术馆、电台、电视台等建设。

---

① 陈威：《公共文化服务体系研究》，深圳报业集团出版社 2006 年版，第 18 页。
② 毛少莹等：《公共文化服务概论》，北京师范大学出版集团 2016 年版，第 50 页。

二是建设公共文化服务的一系列工程。包括广播电视村村通工程、全国文化信息资源共享工程、社区和乡镇综合文化站工程等。

就当代中国公共文化服务体系的服务内容而言，是面向大众的公益性的文化服务体系，总体上讲包括先进文化理论研究服务体系、文艺精品创作服务体系、文化知识传授服务体系、文化传播服务体系、文化娱乐服务体系、文化传承服务体系、农村文化服务体系七个方面。先进文化理论研究服务体系在公共文化服务体系中具有引导性的意义。

（二）当代中国的大众文化

大众文化的定义众说纷纭。主要原因是因为人们对其界定的考察视角、衡量标准、相对论域均有所不同。从字面的意义上说，大众文化一般是指一个地区、国家被大多数民众所信奉或接受的文化，是大众社会的产物，往往通过大众文化传媒来传播和实现。也有人从工业化和城镇化的意义上予以界定，认为大众文化是兴起于现代都市的、与当代大工业密切相关的、以现代传媒为介质大批量生产的、由民众的消费意识和消费习惯所推动和引导的，具有时尚化运作方式的一种文化形态，具有商品性、通俗性、流行性、娱乐性以及对大众传媒的依赖性等特点，认为中国大众文化兴起于 20 世纪后半叶，具有人文化、科学化、国际化、民族化的发展方向。

也有人综合二者，认为"大众文化是以大众媒介为手段、按商品规律运作、旨在使普通市民获得日常感性愉悦的体验过程，包括通俗诗、通俗报刊、畅销书、流行音乐、电视剧、电影、广告等形态。"① 笔者认为，或者本书中所指的当代中国的大众文化，是指以广大普通民众为创造、欣赏和传播主体的、以市场为生产传播动力的、以产品为载体的、以现代通讯

---

① 王一川:《大众文化导论》,高等教育出版社 2004 年版,第 8 页。

和传媒技术为传播手段的，与主流文化、精英文化相对应、相区别的社会文化现象。

（三）当代中国公共文化服务与大众文化的关系

从本质上说，公共文化服务就是在各级政府的主导下，向社会提供的基本的、必需的、必要的公共文化平台和公共文化产品。这些平台和产品的公共性，决定了其功能辐射和消费主体的大众性。也就是说，公共文化服务的对象是人民大众，公共文化提供的文化产品基本上也属于可以市场化的大众性消费的产品。

从整体上说，一方面，公共文化服务体系所提供的公共文化平台和公共文化产品，以及民众的消费和参与过程都是大众文化的重要组成部分。另一方面，大众的文化需求是公共文化事业产生和发展的动力来源，社会大众文化的氛围和大众的文化审美都在一定程度上决定或影响着公共文化的发展范围、发展程度和发展趋势。

综上所述，二者之间的关系可以表述为：一方面，当代中国的公共文化服务体系是大众文化的基础支撑和主体骨干；另一方面，当代中国大众的审美水平、大众的精神文化需求、社会的大众文化的氛围则是公共文化服务体系建设和发展的原生动力和动态目标。

事实上，公共文化服务是主流文化对大众文化的参与和引导的重要载体和方式，因为一方面，以公共文化服务满足广大民众不断增长的精神文化需要，是执政党和国家的责任和使命，从这个意义上说，公共文化服务被政府提供之初就包含和担负着主流意识形态所赋予的主导和引领大众文化的责任和使命；另一方面，随着价值文化多元化以及信息技术的高度发展，大众的文化需求和文化消费的满足过程已经超出了市场供应和消费活动本身，成为广大民众参与社会管理、参与政治生活的重要渠道和形式，所以当代中国公共文化服务与大众文化的关系就以主流文化为媒介而展开了。

二、当代中国公共文化服务在大众文化中的地位

从上述相互关系的表述中可以看出，公共文化在大众文化中占有举足轻重的地位。尤其是在当代中国，在社会主义制度所规定的文化为大众服务的国情背景之下，这种地位就显得更为突出和重要。本书拟从主流文化引领大众文化的主导地位、政府满足大众文化需求的主体地位、对大众文化提供支撑的基础地位等方面予以陈述。

（一）公共文化服务体现主流文化引领大众文化发展的主导地位

公共文化服务体系作为在政府的主导下而建立起来的社会文化网络，不仅体现了主流意识形态对大众文化走向的主导，而且也体现着主流意识形态对大众文化制度设计的主导，同时还体现着主流意识形态对大众文化发展评价标准的主导。

1.公共文化服务体现主流意识形态对大众文化走向的主导。公共文化也是文化，公共文化服务具有毋庸置疑的意识形态色彩。在 2007 年中共中央办公厅和国务院办公厅联合下发的《关于加强公共文化服务体系建设的若干意见》和 2015 年两部门再次下发的《关于加快构建现代公共文化服务体系的意见》中，都把以邓小平理论和"三个代表"重要思想为指导，深入贯彻落实科学发展观，坚持社会主义先进文化前进的方向放在指导思想部分予以强调。

同时，在基本原则中，还进一步提出，要坚持正确导向，以人民为中心，以社会主义核心价值观为引领，发展先进文化，创新传统文化，扶持通俗文化，引导流行文化，改造落后文化，抵制有害文化，巩固基层文化阵地，促进在全社会形成积极向上的精神追求和健康文明的生活方式。这些表述，都非常明确地规定了公共文化服务所担负的主流意识形态对大众文化的发展方向、社会功能等方面的主导定位。

2.公共文化服务体系体现了主流文化对大众文化制度框架设计的主导。制度设计是一个国家或地区文化发展的顶层设计。制度设计的框架将会在很大程度上引导或决定该国家和地区大众文化发展的基本性质和状态脉络。当代中国公共文化服务体系由六大部分构成：即权益主体，责任主体，政策法规与制度安排，产品、服务及其供给，技术支撑，绩效管理等。其服务内容包括先进文化理论研究、文艺精品创作、文化知识传授、文化传播、文化娱乐、文化传承、农村文化七个方面。

在制度设计中，首先是在逻辑起点上强调社会主义国家政府对文化责任的担当。《中华人民共和国宪法》第 22 条、第 25 条、第 47 条分别明确规定了国家的文化职责、公民的文化权利等，成为公共文化服务的元政策。规定政府必须为民众提供与现实经济社会条件相适应的文化服务。必须实现四大功能，即保障民众的基本文化权益、促进社会的文化和谐、建设民族的精神文化家园、实现城乡文化服务的相对均等覆盖。

在此基础上，承诺了中央政府的责任，包括：拟定公共文化艺术方针政策和法规草案；拟定相关的发展规划并组织实施，推动相关领域的体制改革；指导管理文学艺术事业，包括其创作生产，推动其发展，组织全国性重大文化活动；推进公共文化服务，规划引导相关产品生产，指导国家重点项目和基层文化设施建设；拟定并组织实施非遗保护规划；指导管理社会文化事业；指导、管理对外文化交流和对外文化宣传等，明确地体现了政府对大众文化制度设计的主导。

3.公共文化服务体系体现了主流文化对大众文化评价标准的主导。如前所述，公共文化服务体系的重要组成部分之一就是指导标准，即指标评价体系。该体系包括服务项目内容与标准实施两大部分。其中规定服务项目包括读书看报、收听广播、观看电视、观赏电影、送地方戏、设施开放和文体活动。其硬件设施包括文化设施、广电设施、体育设施、流动设施、辅助设施等，其人员配备规定了人员的编制和业务培训等内容。

在标准实施部分，规定了标准的实施时间要求、经费要求，尤其是明确提出，文化部、各省级文化行政部门会同有关部门建立对标准实施情况的动态监测机制和绩效评价机制，加强督促检查。并引入第三方开展公众满意度测评，批评差的，推广好的做法。在社会实践中，评价主导是最行之有效的主导。评价体系的指挥棒，会对以公共文化为骨干的大众文化产生直接的主导效应。

（二）公共文化服务体现基本满足大众文化需求的主体地位

公共文化服务在大众文化中的主体地位，主要体现在是倡导对城乡实现基本文化服务均等覆盖的主体，是不断满足大众基本文化需求的服务主体，对文化服务效益进行监督的评价主体等方面。

1.公共文化服务体系在不断满足大众基本文化需求过程中发挥了主体作用。众所周知，中国的大众文化发轫和兴起于改革开放之后。由于在计划经济体制下文化事业的政府主管、主办和单向供给的性质，在改革开放初期，由于市场对民众文化需求的激励，曾经出现了民众文化需求快速增长而服务滞后或缺失的状态。同时，由于文化服务的公益性和精神性，在当前中国社会发展的阶段水平上，一方面，民众的文化需求却随着人均收入的不断提高，以及个人发展要求的日益增强而日益强烈，而另一方面，大多数的企业和民间团体对文化服务的兴趣热情和动力还都非常有限。

所以，政府必须及时担当这一义不容辞的责任，这也是当代中国公共文化服务应运而生的时代背景。同时，即便在发达地区，一些民间组织和企业对文化服务有所关注，也往往体现出一种自发性、随机性和零散性，迄今为止，只有政府主导建立的公共文化服务体系，在城乡大众文化均等化中发挥着重要的基础和主体作用，为广大民众日常的文化生活提供了最基本，也是最便捷的平台和资源。

2.公共文化服务体系在实现城乡基本文化服务均等覆盖中发挥了主体作

用。由于社会发展阶段的限制，当代中国城乡的文化资源配置和民众普遍文化素质仍然存在较大差异，文化服务的均等性问题日益凸显。公共文化服务体系在中国实现文化社会化的过程中应运而生，在文化市场发育还不够成熟，文化企业在大众文化发展中还不够到位的情况下，义不容辞地担当其满足民众文化需求服务责任，拟定规划、制定政策、配置资源、制订标准、督促评估，搭建社会文化网络。

诸如，在公共文化服务体系的重点工程建设方面，推进了广播电视的村村通工程，全国文化信息资源共享工程，社区和乡镇综合文化站工程等，尤其是特别提出要"推动革命老区、民族地区、边疆地区、贫困地区公共文化建设实现跨越式发展"。提出要与国家扶贫开发攻坚战略相结合，促进对口帮扶，加大人才和项目支援力度。这些举措，对促进城乡和区域文化服务的均衡发展和维护民众文化权益的平等发挥了主体的作用。

3.公共文化服务评价体系对促进文化服务效益的不断提高发挥了主体作用。公共文化服务是一项系统工程。有制度、有政策、有资源，并不等于有效益。如前所述，为了有效推进公共文化服务的有效开展，在整个服务体系设计过程中，提出了一整套标准化建设的监督评价体系。包括基本服务项目、硬件设施、人员配备三个大的方面共14个二级指标，22个三级指标，并要求各地以国家指标为基本依据，因地制宜，明确分工，规范有序，资金到位，加强监督，以群众满意度为主要评价依据。该评价体系的建立和实施，快速地推动和保障了公共文化服务体系的建设和服务效益的不断提高。可以毫不夸张地说，对促进大众文化的普遍发展发挥了主体引导作用。

（三）公共文化服务体现政府对大众文化提供支撑的基础地位

关于政府对大众文化的基础支撑地位，主要体现在基础性文化网络平台的提供，基本专业和文化管理队伍的支撑，以及基本评价标准体系的支撑等方面。

1. 为大众文化提供基础性、全覆盖的公益性文化网络平台。如前所述，公共文化服务体系建设的两大内容，无论是以大型公共文化设施为骨干，包括文化馆、博物馆、图书馆、美术馆、艺术馆、纪念馆和广播电视台站、互联网的公共信息接收服务点和卫星接收设施公共服务管理系统等在内的公共文化服务网络；还是包括广播电视村村通工程，全国文化信息资源共享工程，社区和乡镇综合文化站工程等在内的公共文化服务的重点工程，都为大众提供了比较基础性的、实现全社会覆盖的公益性文化网络平台，毫无疑问地成为支撑当今中国大众文化的基础平台。

2. 为全社会提供基本的文化技术和管理服务人才队伍。毫无疑问，配备相应的技术和管理服务队伍是支撑公共文化服务体系有效运转的关键要素。在国家发布的两个关于公共文化建设的文件中，都分别对技术和管理服务队伍建设做出了相应的规定。明确要加强公共文化服务队伍建设，采取各种措施吸引各类优秀人才进入该领域，实行职业资格管理制度，建立培养、使用、激励、评价的相关制度，合理核定编制，加强相关培训，不断提高其思想与业务素质，同时建立相应的机制，鼓励并建立公共文化服务的志愿者队伍。这些都为当代中国大众文化奠定了人才基础。

3. 全方位的监督评价体系为公共文化服务效益提供了基本保障。监督评价体系是当代中国公共文化服务体系的基本构成之一。从社会治理的意义上讲，监督评价历来就是促进战略实施和政策落实的重要手段之一，也是提高执行力的重要举措。在当代中国自上而下长期以经济建设为中心的社会环境下，文化工作的推进必须以强有力的监督评价为抓手。

事实上正是如此，2015 年由中共中央办公厅和国务院办公厅联合下发的《关于加快构建现代公共文化服务体系的意见》，推出了《国家基本公共文化服务指导标准（2015—2020 年）》，这个包括基本服务项目、硬件设施和人员配备三个部分共 14 个二级指标，22 个三级指标的指导评价体系，在实际工作中成为重要的监督评价依据，也成为各个基层主管单位争取资金、场地和人力资源的重要砝码，同时也极大地促进了基层社区、乡镇文化平台和网络的基本建设，为整个公共文化服务体系的建立、健全和良性运转提供了重要保障。

三、当代中国公共文化服务在大众文化中的作用

从基本内涵意义上讲，界定公共文化服务体系在大众文化中的地位，就是明确其理论意义上的功能定位，或理论的价值存在坐标，或者叫作其逻辑意义上的应然功能。通俗点说，就是它为什么要存在。而界定公共文化服务体系在大众文化中的作用，在某种意义上就是分析它站在那个位置上到底干了些什么，换句话说就是到底它在现实的社会文化生活中发挥了什么样实际的功能。

（一）公共文化服务体现主流文化对大众文化的引领规范作用

公共文化服务的形式是服务但内容是文化。凡是文化，均会程度不同地体现意识形态功能。当代中国由政府主导公共文化服务从形式到内容都鲜明地体现着主流文化对大众文化发展趋势的引领；对大众文化发展边界的规范和对全社会公众文化审美观念的引导和培养。

1. 公共文化服务体现主流文化对大众文化发展趋势的引领。按照本文的定义，大众文化是大众创造、传播、欣赏、消费的文化，大众文化创造的环境来自社会既成的文化氛围，大众文化创造的动力来自民众精神文化的需求，大众文化欣赏的价值取向来自社会主流价值的导向，从以上意义上看，当代中国公共文化服务的全面覆盖性，营造了大众文化创造和传播的基本氛围；而大众的精神文化需求也不是无源之水、无本之木，而是受社会政治经

济发展水平制约的，而大众的文化审美取向也取决于文化传统、文化环境等因素。所以，公共文化服务在相当程度上具体而直接地体现着主流文化对大众文化发展趋势的引领。

2.公共文化服务体现主流文化对大众文化发展边界的规范。在2015年《意见》中，中央明确强调要通过公共文化服务改造落后文化，抵制有害文化。并在"增强公共文化服务发展动力"中，强调要"培育和规范文化类社会组织。加强对文化类行业协会、基金会、民办非企业单位等社会组织的引导、扶持和管理，促进规范有序发展。加强政府管理和社会监督，严格执行社会组织年检制度和信息公开制度，开展运营绩效评估和社会信用评估，实现依法管理，依法运营。"①

改造落后文化、抵制有害文化，就是公共文化为大众文化所划定的边界。公共文化通过自身创造、传播先进文化的骨干引领，发挥其占领主阵地，影响和带动民众更多的参与到健康、向上的文化中的作用，同时，通过相关管理部门和管理人员的设防，杜绝了不良文化的大面积存在和传播，起到了对大众文化的重要规范作用。

3.公共文化服务体现主流文化对社会公众文化审美的引导。文化的基本功能是育人。除了在思想道德、政治信念以及基本文化素养等方面的育人功能之外，还有一项特别重要的功能就是文化审美。俗话说，爱美之心人皆有之。但是在现实生活中，人们受教育程度、生活环境等因素的制约，在生活审美和文化审美等方面存在较大差异，在一定意义上会影响整个社会和民族的审美价值取向，以及社会文化氛围和文化选择的共同意志的形成，公共文化服务在为民众提供公共文化产品的过程中通过大量具有先进性、时尚性、高雅性文化消费和文化欣赏过程的熏陶，不断提升广大民众的文化审美能力

---

① 《中共中央办公厅、国务院办公厅印发关于加快构建现代公共文化服务体系的意见》，《人民日报》2015年1月15日。

和审美水平。

（二）公共文化服务发挥着对大众文化的骨干支撑作用

公共文化对大众文化的骨干支撑作用主要体现在关于平台的支撑、关于公共文化产品消费的支撑、关于服务人员的管理支撑等方面。

1. 公共文化服务体系为大众文化提供平台支撑。中国的公共文化服务体系建立在 21 世纪初，也是全国社会文化服务水平总体相对低下，尤其是城乡文化资源配置明显不均衡的前提背景之下。同时，在追求经济效益的背景下，文化的投入短期内无法产生明显的效益。尤其基础文化平台的建设更需要大量的资金、场地资源。

可以说，在公共文化服务体系建立之前，大部分地区的文化网络和平台建设几乎完全是处于自发的状态，正是由于该体系的普遍建立，才使大众文化具有了最基本也是发挥最为骨干作用的文化平台，成为满足广大民众普遍日常文化生活需要的基本设施。

2. 公共文化产品为大众文化提供了文化消费的骨干支撑。在 2007 年《意见》中，把增强公共文化产品的生产供给能力作为文件的第四大部分予以阐述。要求建立健全公共文化设施网络。落后闭塞的山区要推行文化流动车服务。并要明确服务标准，创新服务方式，尽可能开展高效、免费的服务。关于公共文化产品，要求采取政府购买、项目补贴等方式支持文化企业生产质优价廉、安全适用的公共文化产品。积极开展公益性文化活动，不断提高产业支撑和市场供给能力。

文化服务是形式与内容的高度统一。所有文化设施和传播媒介其实最终都是为内容服务的，而文化产品则是文化内容的基本载体。公共文化服务所提供的公共文化产品，体现当代中国价值和中华文化精神，反映中国人审美追求的，思想性、艺术性和观赏性相统一的优秀文化产品。这是灵魂的支撑。同时，推进高雅艺术进校园、进社区、送戏曲、送书籍、送电影下乡等，并且逐渐地从送什么看什么，进展到订单式服务，点什么送什么，为当代中国城乡大众文化提供了最基本、最普遍的文化消费支撑。

3.公共文化服务人才为大众文化提供管理支撑。毫无疑问，整个公共文化服务体系的良性运行，离不开相关的技术和管理人员的参与。这支队伍是整个服务体系最活跃、最能动的要素。在很大意义上，因为公共文化服务体系在整个大众文化中的基础性和骨干性，因而这些技术和服务人员也就成为支撑整个大众文化最基础、最骨干的专业队伍，他们的态度、素质、能力和水平会直接间接地影响整个大众文化的走向和面貌。

同时，正是由于公共文化服务的公益性，也吸引了不少志愿者加入了服务的队伍，成为整个体系中闪耀着奉献文化光辉的部分，他们和专业管理人员一道，成为大众文化发展中的骨干支撑力量，为大众文化的不断发展繁荣发挥着不可取代的重要作用。

（三）公共文化服务体现国家对大众文化需求的基本保障

提出公共文化服务体现国家对大众文化需求的基本保障的命题是基于认为其是民众基本文化权益实现的保障，是满足民众基本文化需求的保障，也是民众日常文化产品消费的基本保障。

1.公共文化服务为民众基本文化权益的实现提供了基本保障。公众的文化权利，是和平发展环境下民众的重要权利之一，也是当今中国社会发展阶段满足人的全面发展和幸福度提升的重要条件。同时，相对均等的文化权益保障，也是有效提升全体公民整体文化素质的重要社会条件。另外，从服务主体来看，我们是社会主义国家，维护民众的基本文化权益也是国家和政府的本职责任。公共文化服务体系建设就是从这种责任和民众的需求出发而建立起来的。除了强调对区域覆盖的均等性之外，专门强调要注重保障老年人、未成年人、残疾人、农民工、农村留守儿童、生活困难群众等弱势群体的文化权利的保障，公共文化服务体系不管是其基础设施和信息平台建设以及公共文化产品的提供，都对保障民众基本文化权利发挥了基础和骨干的作用。

2.公共文化服务为满足民众基本文化需求提供了保障。民众的文化需求是经济社会发展的相应产物。在当前中国社会的发展阶段，主要呈现为业余文化生活和休闲旅游等方面。公共文化服务体系首先解决了大多数人群的业余文化生活的去处问题。图书馆为好学者提供了读书和上网浏览的地方，文化馆为好玩者提供了跳舞唱歌、表演听戏、棋牌娱乐的地方。同时各个地方结合旅游资源而拓展的特色文化服务也为百姓解决了周边假日休闲的去处，为不断富裕起来的民众提供了追求精神享受的便利条件。

3.公共文化产品为民众基本文化生活消费提供了保障。公共文化服务的基本职能就是为民众提供公共文化产品。从目前来看，公共文化服务所提供的公共文化产品基本上覆盖了图书信息阅览、戏曲、歌舞、影视欣赏等方面，另外，各地的特色文化资源，包括自然山水和人文旅游资源，非物质文化遗产资源等均被开发列入公共文化产品系列，尤其是 2015 年以来，各地还先后开展了公共文化产品的订单式供应模式，由政府出资组织创作、编排和购买民众欢迎和喜爱的文化产品，并采取送戏、送电影、送歌舞下乡等方式，不断满足民众对文化产品消费的需求。

（四）公共文化服务体现当代中国大众文化的主流特色

如前所述，由公共文化服务所形成的文化现象，不仅成为当代中国大众文化的重要组成部分，而且构成了主流，其主流特色主要体现在中国模式的特色，社会公益性的育人特色，以及中华文化传承的民族特色。

1.体现当代中国大众文化的模式特色。大众文化是当代中国社会主义文化的重要组成部分。当代中国的大众文化与中国特色的社会主义事业发展相对应，同样具有鲜明的中国特色。首先是制度特色。当代中国公共文化服务体系的制度框架主要由供给模式、支出模式、消费模式、增长模式构成。供给模式是指公共文化服务的组织提供模式，包括相关的制度安排、政策制定、产品生产与提供等。支出模式主要是资金提供和分担模式，与一些发达国家由专门的艺术基金会独立运作相区别。消费模式是按公共文化受益者与受益方式的不同进行划分的模式。在世界范围内分为公平型、效率型和二者兼顾型，我国目前是把公平放在首位。增长模式是按照公共文化的优先增长领域来划分的。在世界范围内分为全面均衡增长型、重点领域优先增长型、消极对待型和萎缩型，我国目前根据资源的有限性采取第二种模式。其次是保障模式，即保障公共文化服务均衡提供，保障城乡民众文化权益平等，保障服务效益的均衡。最后是价值取向模式，即把社会效益，也就是公益性的育人价值放在第一位。认为大众文化的发展已经不再是可有可无的文化消费行为，而是大众参与社会、参与政治的重要渠道。

2.体现当代中国大众文化的公益性和社会效益优先的特色。突出强调文化的公益性，或者始终把文化产业的社会效益放在首位，是当代中国社会主义文化的育人特色。中国共产党在历次党代表大会文献中定义社会主义文化时就把培育四有新人作为其文化发展的重要目标。2015年《通知》在增强公共文化服务发展动力，培育和促进文化消费中明确提出，广泛开展公益性文化艺术活动，培养健康向上的文艺爱好，扩大和提升文化需求。完善公益性演出补贴制度，通过票价补贴、剧场运营补贴等方式，支持艺术表演团体提供公益性演出。其实，关于重视社会效益和育人效果，在文件基本原则关于坚持正确导向中就表达得非常清楚，即以人民为中心，以社会主义核心价值观为引领，发展先进文化，创新传统文化，扶植通俗文化，引导流行文化，改造落后文化，抵制有害文化，巩固基层文化阵地，促进在全社会形成积极向上的精神追求和健康文明的生活方式。

3.中华文化传承的民族特色。如前所述，在公共文化服务体系的服务中就将"文化传承服务体系"作为七大内容之一予以明确规定。在两办颁发的两个相关的《通知》中，都将"创新传统文化"作为其基本原则之一作以规定。另外，还鼓励各地挖掘特色资源，推动非遗文化遗产传习场所和传统民俗文化活动场所等向公众提供各种公益性文化服务。综上所述，无论是从理论意义上，还是从实践意义上看，覆盖全社会的公共文化服务体系所体现的这种文化特色，事实上构成了当代中国大众文化的民族特色，也在一定程度上体现了当代中国社会主义文化的民族特色。这既是中华传统文化的时代传承，亦是社会主义文化的中国创造。

第四章　当代中国传统文化生态研究

第一节　当代中国传统文化圈层
及其社会形态构成

传统文化圈层作为当今中国社会五大文化圈层之一，是四大亚文化圈层中唯一能够鲜明体现中华民族文化传统和彰显民族文化特色的重要文化圈层。深入研究和系统梳理其基本概念内涵、主要内容构成、社会存在形态以及与当今人们精神文化生活的相互关系，对明确其在当代中国文化生态链中的准确定位、切实传承和弘扬其内在的核心理念、传统美德和人文精神，具有重要的文化理论建设意义和促进文化生态优化的实践意义。

一、传统文化圈层的论域及其概念内涵

对中华传统文化及中华优秀传统文化等相关概念进行符合实际的论域界定，是明确当代中国传统文化圈层的论域及概念内涵界定的重要前提。

（一）中华传统文化

传统文化即中华传统文化。中华文化作为当今世界上唯一一个历经上下五千年不曾中断的文明，其传统文化源远流长、其内容博大精深。一般来

说，中华传统文化的核心是中国封建社会的文明成果，是以老子、孔子为代表的道儒文化为主体，在约 5000 年历史中延绵不断的政治、经济、思想、艺术等各类物质和非物质文化的总和。长期以来，学术界对传统文化的概念、内容、意义等相关方面一直缺乏比较公认的权威性归纳。其原因也许是由于人们对传统文化概念界定缺乏公认的标准，亦或许是由于传统文化的内容过于庞杂，其价值在不同的历史阶段人们从不同的需要出发会有不同的选择和认定。

笔者认为，从一般意义上讲，中华传统文化是以儒家学说为核心，以中国封建社会意识形态为主体而形成的中华历史文化的总称。按照 2017 年中共中央、国务院印发的《关于实施中华优秀传统文化传承发展工程的意见》（以下简称 2017 年《意见》）的说法，中华传统文化的基本内容大致包括三个方面：其一，其核心的思想理念。诸如人们常说的伦理、仁爱、民本、大同等。其二，其传统的思想道德。诸如忠诚、信义、担当、孝悌等。其三，其内在的人文精神。诸如中庸、和合、爱国、勤俭等。需要说明的是，中华传统文化首先不仅仅是汉民族的文化，而是民族融合的文化；其次，中华传统文化的特点是重伦理、轻科技；重宏观、轻微观；重社会治理和人际关系研究、轻对自然规律的探讨和具象技能的积累；重个人自悟、轻法纪约束。

（二）中华优秀传统文化

众所周知，中华传统文化历经上下五千年。正是因其源远流长，故而在漫长的发展过程中难免夹杂着许多体现封建社会意识形态的糟粕和消极的东西。所以我们经常用"优秀传统文化"来概括整体传统文化中值得传承和弘扬的那一部分。区别相关内容是否属于优秀的部分，其基本标准是按照人类文明进步的尺度和当今中国社会主义核心价值的文化导向而对应的具有相关价值精华或精粹部分。

按照 2017 年《意见》的说法，中华优秀传统文化，是中华文明成果根本的创造力，是民族历史上道德传承、各种文化思想、精神观念形态的总体。中华传统文化作为一种文化传统，在当今的中国社会不仅实实在在的延续着，而且始终作为一种亚文化在社会上活跃着。正如 2017 年《意见》所指出的"在 5000 多年文明发展中孕育的中华优秀传统文化，积淀着中华民族最深沉的精神追求，代表着中华民族独特的精神标识，是中华民族生生不息、发展壮大的丰厚滋养，是中国特色社会主义植根的文化沃土，是当代中国发展的突出优势，对延续和发展中华文明、促进人类文明进步，发挥着重要作用"①。

中华优秀传统文化的基本内容按照 2017 年《意见》的说法，大致可以分为三个方面。其一，核心的思想理念。也就是中华民族和中国人民在修齐治平、尊时守位、知常达变、开物成务、建功立业过程中培育和形成的基本思想理念，包括革故鼎新、与时俱进的思想，脚踏实地、实事求是的思想，惠民利民、安民富民的思想，道法自然、天人合一的思想等，可以为人们认识和改造世界提供有益启迪，可以为治国理政提供有益借鉴。传承发展中华优秀传统文化，就要大力弘扬讲仁爱、重民本、守诚信、崇正义、尚和合、求大同等核心思想理念。其二，中华的传统美德。即其所蕴含的丰富的道德理念和规范，诸如天下兴亡、匹夫有责的担当意识，精忠报国、振兴中华的爱国情怀，崇德向善、见贤思齐的社会风尚，孝悌忠信、礼义廉耻的荣辱观念等，体现着评判是非曲直的价值标准，潜移默化地影响着中国人的行为方式。传承发展中华优秀传统文化，就要大力弘扬自强不息、敬业乐群、扶危济困、见义勇为、孝老爱亲等中华传统美德。其三，中华人文精神。比如求同存异、和而不同的处世方法，文以载道、以文化人的教化思想，形神兼备、情景交融的美学追求，俭约自守、中和泰和的生活理念等，是中国人民

---

① 《中共中央办公厅、国务院办公厅印发关于实施中华优秀传统文化传承发展工程的意见》，《人民日报》2017 年 1 月 26 日。

思想观念、风俗习惯、生活方式、情感样式的集中表达，滋养了独特丰富的文学艺术、科学技术、人文学术，至今仍然具有深刻影响。传承发展中华优秀传统文化，就要大力弘扬有利于促进社会和谐、鼓励人们向上向善的思想文化内容。

（三）传统文化圈层

作为一种文化圈层，首先是其相关文化内容的社会传承和精神存在。而文化内容的社会存在，并不能够像前文所说的那样，按照一定的价值标准予以衡量，取其需要的，摒弃无益的。即便是摒弃，也需要一个漫长的过程。作为一种文化传统，按照文化延续和传承的规律，它是像流水一样无法人为地挥刀断流的。而且由于人是文化的载体，只要那些曾经受到过传统文化熏陶的人还在，其相应的文化就不可能一夜之间在这个社会上消失。不仅如此，由于家庭等社会关系的影响，这种文化痕迹还会在下一代人身上或多或少的存在。

正是在这个意义上，当今中国社会中传统文化圈层的存在，不可能仅仅是优秀传统文化的存在，而是优秀与糟粕并存的存在。也正是由于如此，才更迫切需要我们能够在全社会达成共识，确立一个明确的价值导向，使大家都明白我们到底应当传承和弘扬些什么，扬弃和否定些什么。换句话说，就是应当强化哪些因素或抑制哪些因素会更有利于传统文化生态圈的良性发展，更有利于传统文化本身生命力的活跃和长久延续。

传统文化圈层的形成和存在是与文化成果相对独立的特性以及我国文化变迁的过程密切相关的，是过往历史积淀的产物。正是因为中国的历史悠久和文化的积淀深厚，所以当今中国社会传统文化圈层的存在以及对人们精神生活的影响构成了不可忽视的文化元。而正确面对传统文化恰恰又成为延续中华文化根脉和保持中国民族文化特色的重要选择。

作为一种文化圈层，除了其所属的内容范围之外，就是其在社会中存在的形态，或者叫作当今社会的呈现状态或能够被当代人们所切实感知的方式状态。众所周知，在所有的社会现象之中，文化的存在状态可能是最虚无缥缈和难以描述的。但只要是一种存在，就应该能够说得清楚，只不过需要使用一种有效的归类方式和语言表达方式。

二、当代中国传统文化圈层的存在形态

在学术研究中，任何一种归类或列举结论的成立，都必须基于某种逻辑依据。由于迄今为止，学术界对当代我国文化生态中关于传统文化生态圈层的社会存在形态尚无可资借鉴的资料，故只能从个人的角度进行探讨。

以个人认知而言，列举一种文化的社会存在形态，一是应从该文化的社会呈现形态角度考察；二是从人们对该文化的认知或接受方式的角度来考察。所谓社会呈现形态，即我们现在对信息文献的分类，一般来说就是纸质文献、电子文献。其实这也是人类对历史文献的储存和管理的分类。所谓人们对文化的认知或接受方式形态，即是属于可选择性接触，还是在生活中须臾不可离开。是以阅读、浏览的方式取得认知，还是通过切身体验的方式感知的。

另外，对于人文精神类的文化，除了阅读感受之外，还需要个人的体悟，等等。诸如，中国传统文化的历史文献典籍，就是只能通过阅读、收听等方式获得认知；而对非物质文化遗产的了解和传承可能就必须通过直接的观看其演示或者亲身体验才能了解和掌握其技能。

笔者认为，当代中国传统文化的社会存在形态主要有：其一，历史文献典籍的保存与传承形态；其二，历史文物遗址的保护与开发形态；其三，非物质文化遗产保护与传承形态；其四，传统人文精神的凝练与传承形态。

（一）历史文献典籍的保存与传承形态

所谓历史文献典籍，是指中华文化在长期的发展过程中传承和保留下

来的重要或经典类的历史文献。诸如儒家经典的四书五经，即包括《大学》《中庸》《论语》《孟子》的四书；包括《周易》《尚书》《诗经》《三礼》《春秋》的五经。道家、佛学的《老子》《庄子》《六祖坛经》。文史经典主要有：《史记》《资治通鉴》《楚辞》《文选》等。另有蒙古族、藏族、满族等为代表的少数民族《蒙古秘史》《蒙古黄金史纲》《蒙古源流》《格萨尔王传》《满文老档》等。在文学方面有著名的唐诗、宋词、元曲、明清小说等。据不完全统计，或者说来自不同视角的统计，"中华文化宝库中的古文献大约有12万种之多。也有20万种之说。"①对于历史文献典籍，大凡稳定繁荣的朝代都进行过不同程度的整理。当代中国历来比较重视其整理和传承。就最新数据来看，"截至2016年底，在中央财政的支持下，共完成200万部古籍的普查登记工作，公开发布古籍普查数据40.6万条，完成古籍数字资源4.6万部。"②

（二）历史文物遗址的保护与开发形态

众所周知，文物古迹是指具有重要的历史价值、科学价值、艺术价值、遗存在社会上或埋藏在地下的历史文化遗物和遗迹。在国际上，文物主要指百年以上并具有历史艺术价值的物品。中国根据文物古迹的价值高低，将文物分为国家级、省（直辖市）级和市县级三级重点文物保护单位。国家文物局在《国家文物事业发展"十三五"规划》中指出，我国文物资源家底基本廓清："不可移动文物766722处，文物藏品4138.9万件/套；全国重点文物保护单位4296处；世界遗产50项，跃居世界第二，其中世界文化遗产35项、世界文化和自然遗产4项。"③

---

① 纪晓平：《四库文化工程与古籍数量问题》，《图书馆杂志》2001年第11期。

② 《加强古代文献典籍保护 弘扬中华优秀传统文化》，《中国文化报》2017年9月14日。

③ 《中国不可移动文物766722处 世界遗产数量跃居全球第二》，《新民晚报》2017年2月21日。

在当前倡导文化强国和社会经济发展相对发达的背景下，国家对文物遗址的保护、管理、开发颁布了相关的政策，采取了一系列有效措施，取得了重要的保护效果。

（三）非物质文化遗产保护与传承形态

非物质文化遗产是指被各群体、团体、个人视为其文化遗产的各种实践、表演、表现形式、知识体系和技能，及其有关的工具、实物、工艺品和文化场所。而且，随着相关因素的不断变化，这种非遗项目又会在不断传承的过程中被不断创新，使人们从中得到一种文化的认同感和历史的沧桑感，从而保存文化的多样性，激发人们的创造力。

《非物质文化遗产名录》是保护非物质文化遗产的一种方式。联合国有《保护非物质遗产公约》和《保护世界文化和自然遗产公约》，前者管"非物质"，后者管"物质"。《保护非物质遗产公约》生效之前，作为试验，联合国教科文组织分别于 2008 年、2009 年和 2010 年命名了三批世界非物质遗产，共 90 项，其中中国 4 项，即昆曲、古琴、新疆的木卡姆民族歌舞和与蒙古国联合申报的长调民歌。目前，中国已经成为拥有世界非物质遗产数量最多的国家。

为使中国的非物质文化遗产保护工作规范化，国务院发布《关于加强文化遗产保护的通知》，并制定"国家＋省＋市＋县"共四级保护体系，要求各地方和各有关部门贯彻"保护为主、抢救第一、合理利用、传承发展"的工作方针，切实做好非物质文化遗产的保护、管理和合理利用工作。按照四级保护体系，各省、自治区、直辖市也都建立了自己的非物质文化遗产保护名录，并逐步向市／县扩展。国家级非物质文化遗产名录是经国务院批准，由文化和旅游部确定并公布的非物质文化遗产名录。

"中华人民共和国国务院先后批准分别于 2006 年、2008 年、2011 年和 2014 年命名了四批国家级非物质文化遗产名录，分别为 518 项、510 项、191 项、153 项，共计 1372 项"[①]。这些非遗项目，都是中华优秀传统文化的丰富资源。

（四）传统人文精神的凝练与传承形态

关于人文精神，我国在 20 世纪八九十年代曾经进行过两次大讨论。有学者认为，所谓人文精神，是人们对人的存在的思考，是对人的价值、人的生存意义的关注，是对人类命运、人类的痛苦与解脱的思考和探索[②]。还有人提出，"人文精神有哲学、历史、价值三个层面的意义。"[③] 也有学者认为，"人文精神是一种人类精神、一种文化精神、一种历史精神。"[④]

中华文化的人文精神与西方文化的人文精神存在重要的差别。其关键在于对人的理解不同。庞朴认为，"把人看成群体的分子，不是个体，而是角色，得出人是具有群体生存需要、有伦理道德自觉的互动个体的结论，并把仁爱、正义、宽容、和谐、义务、贡献之类纳入这种认识中，认为每个人都是他所属关系的派生物，它的命运同群体息息相关。这就是中国人文主义的人论。"[⑤] 冯天瑜则认为，"西方以强调个人价值为特征的人文传统，在现代化过程中曾充分发挥其积极效应，同时又引发若干弊端；中国强调社会人格的人文传统，缺乏自发走向现代的动力，却有可能在经过现代诠释之后，为克服某些'现代病'提供启示。"[⑥]

---

① 光明网：《数来宝等 9 个非物质文化遗产项目纳入国家名录》（2014-12-14），http://life.gmw.cn/2014-12/04/content_14051856.htm。

② 高瑞泉等：《人文精神寻踪》，《读书》1994 年第 4 期。

③ 王尔勃：《人文精神与文化悖论》，《求是学刊》1997 年第 2 期。

④ 陈军科：《人文精神：当代社会发展与人的解放和文化自觉》，《求索》2001 年第 3 期。

⑤ 庞朴：《中国文明的人文精神（论纲）》，《光明日报》1986 年 1 月 6 日。

⑥ 冯天瑜：《中国传统人文传统与中西人文精神讲演录》，湖南教育出版社 2010 年版，第 9 页。

中华文化的人文精神资源极其丰富。中华优秀传统文化蕴含着丰富的道德理念和规范，如天下兴亡、匹夫有责的担当意识，精忠报国、振兴中华的爱国情怀，崇德向善、见贤思齐的社会风尚，孝悌忠信、礼义廉耻的荣辱观念，体现着评判是非曲直的价值标准，潜移默化地影响着中国人的行为方式。传承发展中华优秀传统文化，就要大力弘扬自强不息、敬业乐群、扶危济困、见义勇为、孝老爱亲等中华传统美德。

第二节　中国优秀传统文化的
当代文化建设价值

中国共产党基于始终肩负和矢志实现中华民族全面振兴的历史使命，故历来比较重视对中华文化传统的继承和弘扬。毛泽东早年就提出过"古为今用"的理念。改革开放以来，随着中国特色社会主义事业的快速发展，加强社会主义文化建设日益迫切。2017年《意见》提出："文化是民族的血脉，是人民的精神家园。文化自信是更基本、更深层、更持久的力量。中华文化独一无二的理念、智慧、气度、神韵，增添了中国人民和中华民族内心深处的自信和自豪。到2025年，中华优秀传统文化传承发展体系基本形成，研究阐发、教育普及、保护传承、创新发展、传播交流等方面协同推进并取得重要成果，具有中国特色、中国风格、中国气派的文化产品更加丰富，文化自觉和文化自信显著增强，国家文化软实力的根基更为坚实，中华文化的国际影响力明显提升。"[①]

习近平总书记高度重视对我国优秀传统文化的弘扬，2013年曾经在考

---

① 《中共中央办公厅、国务院办公厅印发关于实施中华优秀传统文化传承发展工程的意见》，《人民日报》2017年1月26日。

察孔子学院时在专家学者座谈会上指出:"中国优秀传统文化是中华民族的突出优势,中华民族的伟大复兴需要以中华文化发展繁荣为条件,必须大力弘扬中华优秀传统文化"①。

何为优秀传统文化?有学者认为,"优秀传统文化是指传统文化中所包含的能够提高人的思维能力,促进物质文明与精神文明发展,推动社会进步的一切具有重大价值的优秀精神成果的总和。"②还有人提出,"优秀传统文化是中华民族在长期发展过程中形成的天下一统的国家观、人伦和谐的社会观、兼容并蓄的文化观、勤俭耐劳的生活观等价值观念的集合。"③2017年《意见》指出"中华优秀传统文化就是中华文明成果根本的创造力,是民族历史上道德传承、各种文化思想、精神观念形态的总体"④。笔者认为,中华优秀传统文化就是指自古以来至当代之前中华民族所创造的所有文化成果中与人类文明进步相关,尤其是与求真、求善、求美的社会主义核心价值取向一致的文化成果的总和。

中国优秀传统文化内容非常丰富,包括诸子百家、古典文学、诗词曲赋、书法国画、传统中医、中华武术、文物古迹等领域。对此,学者们往往从不同的方面进行归纳,但当前最为权威的是2017年《意见》的提法,即包含其核心思想理念、中华传统美德和中华人文精神等三个方面。

本节围绕优秀传统文化的当代文化建设价值主题,通过传统文化与当代中国文化的基因传承关系、是当代中国文化建设不可多得的宝贵文化资源、赋予当代中国文化独有的民族特色等侧面作深入探讨。

---

① 《习近平总书记系列重要讲话读本》,学习出版社、人民出版社2014年版,第99页。

② 张继功等:《中国优秀传统文化概论》,陕西师范大学出版社1998年版,第18页。

③ 罗豪才:《弘扬中华优秀传统文化增强民族认同感和凝聚力》,《中央社会主义学院学报》2007年第2期。

④ 《中共中央办公厅、国务院办公厅印发关于实施中华优秀传统文化传承发展工程的意见》,《人民日报》2017年1月26日。

一、中华优秀传统文化是当代中国文化的民族根脉

世界上大凡一种成熟的文化，往往都经历过长期的发展过程，都是以其深厚的历史积淀作为背景支撑的。笔者认为，中华优秀传统文化是当代中国文化深厚的民族根脉，是其剪不断的历史源头、挖不绝的根脉源流、抹不去的民族风格。

（一）中华优秀传统文化是当代中国文化剪不断的历史源头

所有文化的形成与沿革都犹如河流一样，不管曾经怎样的千转百回，只要不断地向上游追溯就一定能够找得到其最初的源头。之所以说中国传统文化是当代中国文化剪不断的历史源头，这是因为：

首先，中华文化历史沿革的过程难以剪断。在某种意义上说，文化的发展就是文明的发展。在人类历史上可能没有任何东西比文明的发展更为依赖漫长历史过程的积累和沉淀。当代中国文化的发展就是中华民族无数代先贤们经过数千年勤奋积累的结果。如果人为地剪断了这个过程，中国文化的由来就会受到质疑，中华文化的内在传统也会因此而中断。中华文化的民族特色和基因禀赋就会成为无本之木、无源之水。不仅中华文化所特有的深厚底蕴和丰富内涵将因此大打折扣，甚至会使文化变得支离破碎。事实上，无论怎样人为地磨灭其发展的历史，历史所赋予当今文化的特性都会时刻告诉人们她的由来。

其次，中华文化内容延续的脉络难以剪断。众所周知，任何一种文化体系的形成都需要经过长期的发展和丰富过程，其中所有的内容的形成都具有清晰的历史发展脉络。这种脉络和内在基因已经深深地融进了文化的有机体里，不可分割，也难以分开。如果我们硬要人为地剪断或否定某种脉络的形成过程，就无法解释它们的来由。换句话说，当代中国文化的内容不管如何现代化和时代化，都改变不了其内在的中华民族的基因，这种

质的规定性正是文化脉络的延续所规定的，永远无法改变。这就是基因传承的力量。这也是通常我们所说的所谓古今的"一脉相承"。同样，割断了其脉络的延续，也就斩断了其文化的内在传统，中华文化就会因此变得不伦不类。

再次，中华文化形式载体的演变难以剪断。人类所创造的每一个文化元，都具有自己独一无二的形式载体。诸如文字载体、发音方式等。中文的方块字和抑扬顿挫的发音方式就是中华文化独一无二的形式载体。汉语的方块字经过数千年的发展演变，至今已经有大约 8 万多字被纳入了字库，虽然常用的约有数千，但的确已经成为世界所有文字中最简练、最丰富的语言之一。据说在联合国使用的六种工作语言中，由于汉语是单音节发音，所以汉语是最简洁的版本。尤其是中国的书法，既拥有草书的豪放不羁，也拥有楷书的隽美秀丽，更拥有行书的行云流水。所谓书画同源，书如画卷，形境互融，韵味无穷。汉字的美，蕴含着数千年的内涵积淀，割断了其演变的过程，也就失去了她的独到的韵味和内在的风采。

最后，中华文化人文精神的传承难以剪断。每一种文化都承载着不同的精神内涵。从某种意义上说，中华文化所承载的中华人文精神是比较丰富和深刻的。因为中华传统文化的特点就是重伦理，即以人际交往和社会治理为研究重点。诸如张岂之等认为，中华传统文化的主体精神主要体现在 12个方面：即天人之学、道法自然、居安思危、自强不息、诚实守信、厚德载物、以民为本、仁者爱人、尊师重道、和而不同、日新月异、天下大同。[①]这些中华传统人文精神早已是刻印在中国人的骨子里、融化在血液中的民族印记，不可剥夺，不可更改。成为中华民族最深沉的民族禀赋，始终洋溢着激励后人奋勇前行的精神力量。

---

① 张岂之、谢阳举：《守护中华优秀传统文化的体验——张岂之教授访谈录》，《孔子研究》2015 年第 6 期。

（二）中华优秀传统文化是当代中国文化挖不绝的根脉源流

基于文化形成过程的积累性特征，其延续性强大的程度是人世间任何事物都无法比拟的。之所以说中华优秀传统文化是当代中国文化挖不绝的根脉源流，主要是由于其文化依托的国情环境土壤、文化所具有的传统根系纽带和其所蕴含的人文精神的传承基因根本无法挖绝。

首先，中华文化的国情环境土壤挖不绝。众所周知，文化都是环境的产物。在远古时期，人类改造自然的能力低下，所以山川、河流、森林、陆地等自然环境对文化的影响非常直接，且往往是决定性的。随着人们改造自然能力的不断增强，社会环境，即政治、经济、人文环境对文化形成和变迁的影响越来越大。中国传统文化的产生与变迁，与其所处的沿河的陆地环境、农业经济及其耕作方式、人口众多、封建社会高度集权的政治结构特点等国情土壤都密不可分。尽管当今的中国已经飞驰在现代化的道路上，但是文化传统的土壤却也不是可以随着政治的变迁一刀两断的，这也是中国的社会主义必须也只能选择具有中国特色的模式的重要内在动因之一。

其次，中华文化的传统根系纽带挖不绝。如果把一种民族的文化比作一棵大树，中华文化就是一棵树龄已经数千年的古树，无论其树冠、树枝、树叶历经怎样的更替和新发，其深埋在土壤中的树根却是因为年代久远而盘根错节，其根系不断蔓延缠绕，始终与这棵文化大树根脉相连，休戚与共。这些根脉所支撑或连接供养的树干年轮或枝叶早已经融为一体、不可分割。如果强行分割开来，必将切断文化的底蕴供养，而与此同时，文化的成果也必将如无根的浮萍，无所皈依。这种层层缠绕、难解难分的文化根蔓体系，已经与文化本体有机统一，成为不可分割的重要构成，斩断了这些根系，就会在一定意义上破坏文化的完整性。

最后，中华人文精神的传承基因挖不绝。人文精神作为中华传统文化的灵魂和精髓，是祖先们留给我们的最可宝贵的精神财富。按照 2017 年《意见》的表达，认为"中华优秀传统文化积淀着多样、珍贵的精神财富，如求同存异、和而不同的处世方法，文以载道、以文化人的教化思想，形神兼备、情景交融的美学追求，俭约自守、中和泰和的生活理念等，是中国人民思想观念、风俗习惯、生活方式、情感样式的集中表达，滋养了独特丰富的文学艺术、科学技术、人文学术，至今仍然具有深刻影响"①。这种已经深深地融化在民族基因中成为种族禀赋的东西，怎么可以斩得净、挖得绝？

（三）中华优秀传统文化是当代中国文化抹不去的民族风格

中华优秀传统文化的民族风格非常鲜明。诸如：其一，追求统一的民族风格。主要体现为爱家爱国，崇尚统一，勇于奉献牺牲。家国情怀始终是中国人的社会观。家庭观念、家族观念、民族观念、祖国观念，始终高于个人的名利得失。位卑未敢忘忧国；先天下之忧而忧，后天下之乐而乐。这些观念铭刻骨髓，融入血液；祖祖辈辈，代代相传。爱国，爱家，把国家的统一和民族的兴旺看得比自己的生命还要重要，为此，他们可以献出一切，包括生命。在中国浩瀚的历史长卷中，那些青史留名的几乎都与他们曾经为国家和民族的贡献密不可分。正是因为如此，中华民族虽然也曾多次经历被分裂、被侵占的危机，却总能化险为夷，使民族和文化传统得以保存和延续，成为迄今为止世界上唯一的一个文明不曾中断的国家。

其二，拼搏进取的民族风格。主要体现为自强不息，勤劳坚韧，敢为人先。中华文明始终是中国人自己创造的。中华民族无论面临什么样的艰难险阻，从来都不放弃自己对家庭、对国家的责任和担当。他们可以忍饥挨饿、艰苦劳作、忍辱负重、流血牺牲，但信念不灭。他们善于在逆境中

---

① 《中共中央办公厅、国务院办公厅印发关于实施中华优秀传统文化传承发展工程的意见》，《人民日报》2017 年 1 月 26 日。

化灾难为机遇，善于在落后中通过向其他民族学习而获得超越发展，实现后来居上。中华民族自 19 世纪到 20 世纪中叶，屡遭列强践踏掠夺，战乱不断，积贫积弱，但是自从新中国成立至今，短短 70 年，尤其是改革开放 40 多年，我们就又站在了民族复兴的门槛上，成为世界第二大经济体和制造大国。

其三，崇尚和合的民族风格。即主张和而不同，和谐有序，和平共处。就像方块字，崇尚为人方正，有底线，崇正义，和而不同。其实，和而不同，是万物生态秩序最简练的表达。没有不同就没有生物的多样性，没有和谐就没有生态的稳定性。人类世界亦是如此。每个民族都有自己独一无二的文化风格和生活习惯，只有是否适合，没有好坏优劣，只有相互尊重，才能平等相处；只有相互包容，才能求同存异；只有相互交流，才能取长补短；只有共同繁荣，才有百花齐放。中国共产党的和谐世界倡议也好，人类命运共同体建议也罢，都是尊重不同的文明，使之能够和平共处、共同争取更加美好的未来。

其四，与时俱进的民族风格。集中体现为不甘落后，随时应变，善于创新创造。"深入挖掘和阐发其讲仁爱、重民本、守诚信、崇正义、尚和合、求大同的时代价值"，[1] 并对传统文化进行创造性的发展和转化，守住我们民族的"根"和"魂"。国家关于传承创新传统文化的意见提出，要支持中华医药、中华烹饪、中华武术、中华典籍、中国文物、中国园林、中国节日等中华传统文化代表性项目走出去。积极宣传推介戏曲、民乐、书法、国画等我国优秀传统文化艺术，让国外民众在审美过程中获得愉悦、感受魅力。加强"一带一路"沿线国家文化交流合作。鼓励发展对外文化贸易，让更多体现中华文化特色、具有较强竞争力的文化产品走向国际市场。

---

[1] 《习近平总书记系列重要讲话读本》，人民出版社、学习出版社 2014 年版，第 101 页。

二、优秀传统文化遗产是当代中国文化建设不可取代的重要资源

任何一种强大文化的形成，都是博采众长、不拒细流地兼容和沉淀所有时代文化演变的优秀元素而逐渐成长起来的。

（一）经过长期的历史积淀是所有优秀民族文化形成的基本规律

文化的产生与形成绝不像盖大楼，只要有钱就可以在短时间内万丈高楼平地起，而是需要长期的积累和沉淀。文化的积累，不仅需要时间，而且需要智慧，需要一代又一代人前赴后继的不竭接力。甚至在危急关头需要很多人以保护或传承文化为信仰，心甘情愿地奉献自己的一切，甚至包括生命。因为文化精神的传承可能是抽象的，但文化成果物质载体的保存和传承则是具体的，一本本书，一张张画，一件件文物，一个个历史遗址，都是无数视文化遗产为生命的人们，用他们的财产、精力甚至生命保护和流传下来的。几乎每一件遗产的背后，都蕴藏着一系列动人的故事。故宫博物院在抗日战争中辗转迁徙的过程，无锡天一阁藏书楼主人的藏书家规，均说明了这一点。

时间的漫长积累。历史唯物主义告诉我们，文化作为第二性的产物，首先依赖于社会生产力的发展。只有在一定生产力发达的基础上才能产生相应的文化。而人类关于社会生产力发展本身就是一个漫长的历史过程。民族文化来源于民族发展的历史，城市文化建立在城市发展历史的基础上。因为任何文化，都是人类实践经过长时间浸润而一点一滴积累而成的。世界上所有文明的发展，都经历过长期的演变过程。欧洲文明也好，阿拉伯文明也罢，均无一例外。毫不夸张地说，中华文化是世界上所有文化单元中发展历史最长的文化，没有之一。

内容的不断丰富。内容是一种文化体系的主体和灵魂。而任何文化体系中关于内容板块的形成，几乎都需要经历一个漫长的过程，是该民族的人们

在长期的文化实践中逐步积累起来的。中华文化体系中的核心理念、优良传统和人文精神的具体内容之所以发展到今天我们所看到的状态，都经历过长期发展、不断丰富的漫长过程。诸如核心理念中关于道法自然、天人合一的思想，就是在中国长期农耕文明发展的过程中逐步形成的。而在其传统美德中关于孝悌忠信、礼义廉耻的荣辱观念，必然是与中国长期的封建礼仪制度演变发展过程相伴随而逐渐形成的。诸如此类，不胜枚举。

形式的不断创新。表达形式和传播载体的不断更新。诸如中华文化中的汉字，作为文化的一种记录符号，尽管有仓颉造字的传说，但事实上是我们的祖先从图画记事，逐步发展到象形文字，再到现在的音、义、形的丰富内涵，积淀了无数代先贤们的聪明才智，才成就了今天方块字的无穷魅力。仅中华汉字的刻印、保存、传承的方式，就经历了甲骨、金石、缣帛、竹木（简牍）、纸张等刻印阶段，从图画记事，到象形文字，从骨刻、金刻、布描、竹刻，到有了纸张之后的活字印刷；从艰涩难懂的文言文，到朗朗上口的白话文。尤其典型的是从对仗比较工整的唐诗，到长短不齐、抑扬顿挫的宋词，再到便于传唱的元曲，及引人入胜的明清小说，文学的形式始终在不停的变化，但却越来越便于传播和交流，越来越能够体现文化的内涵魅力和无穷的韵味。

体系的不断完善。一种文化的体系既包括符号工具体系，更包括内容逻辑架构的体系，还包括语言表达风格的体系。同时也包括每一体系内部的不断完善。例如其内容逻辑体系不断完善的过程就非常漫长。

（二）中华传统文化遗产是中华民族树立文化自信的重要依据

文化自信是一种对民族文化发展的历史、成果积累的高度，对人类文明的贡献等经过客观比较认知而产生的自豪、从容的心态，是最深沉的自信。而中华优秀传统文化恰恰能够为当前中国文化自信的树立提供重要的依据。

其一，文化发展历史悠久、无可比拟的自信。在具有悠久历史的文化背景下，就像一个出身豪门家族世家的年轻人一样，自带光芒。其自身的素质能力起点、拥有的社会资源起点等均在一般人之上。中华文化历史的悠久性，无可比拟。历史悠久就意味着积淀深厚，这种文化的积淀既不能用金钱来衡量，更是不可复制、不可剥夺的。中华文化历经数千年不曾中断的延续性，是全世界唯一的，无可比拟。文化延续的历史，证明了文化内在生命力的顽强，这是文化内在的不可抹杀的力量。

其二，文化资源极其丰富、用之不竭的自信。历史的悠久，自然造就了文化资源的丰富，这是文化发展过程在时间的纵轴上所形成的果实。同时，还由于中国的幅员辽阔，民族众多，不同的民族都拥有自己独一无二、五彩纷呈的文化，也是中华民族在空间的横轴上形成的丰富果实。从文化资源的形式上讲，除了浩如烟海的古典文献典籍，还有已经发掘和尚未发掘的文物古迹资源，除此之外，数不清的神话故事和民间传说，奇妙无比的非物质文化遗产，都是令当今中国人引以为豪的丰富文化资源。

其三，文化内容博大精深、内涵丰富的自信。如果说数量、规模等词汇仅仅是用来描述中国文化资源的外延的话，那么，中国文化资源的质量，用博大精深、内涵丰富来形容一点都不显夸张。可以说，中华传统文化资源的每一类别、每一具体内容的背后都蕴藏着极其厚重的内涵积淀。所谓微言大义，最具有代表性的应当是古文经典的《论语》，人们常说，全文共六千余字的经典，几乎凝练概括了封建国家治理的基本规律，这才有了所谓"半部论语治天下"的评价和赞叹。

其四，文化发展一脉相承、历经数千年延绵不绝的自信。习近平总书记说，文化自信是最深沉的自信。因为民族的自信，起源于文化的自信。或者说，文化自信是民族自信的根基。汉字形美如画，音美如歌，义美如诗。简洁，高效，生动。汉字是时间的纽带，把中华悠久的文明传承至今却历久弥新；汉字是空间的纽带，无论在世界的哪个角落，都会让我们一见如故；汉字是情感的纽带，让人们用不同的方言，抒发同样的爱国情怀。汉字是中国人的审美，横平竖直，中正平和；汉字是中国人的哲学，告诉大家止戈为武，大国重器，止于和谐。汉字文化，博大精深，真可谓是一字一世界，一笔一乾坤。尤其是当代中国 40 多年发展的奇迹，再一次证明了中华文化强大的生命力和发展智慧，中国奇迹背后的中国模式，让中国文化再一次被世界所瞩目。

（三）丰富的传统文化遗产是当代中国文化建设不可取代的重要资源

积淀深厚的中华文化拥有丰富的传统文化资源。主要包括经典文献资源、文物古迹资源、非物质文化遗产资源等。

就经典文献而言，拥有以儒家经典、文史经典、文学经典等古文献大约有 12 万到 20 万种之多。①

据国家文物局统计数据，我国共具有不可移动文物 766722 处，文物藏品 4138.9 万件／套；全国重点文物保护单位 4296 处；世界遗产 50 项，其中世界文化遗产 35 项、世界文化和自然遗产 4 项。②

关于传统的非物质文化遗产资源。据权威统计，中国已经成为世界上拥有世界非物质文化遗产数量最多的国家。国家自 2006 年至 2014 年先后命名了四批国家级非物质文化遗产名录，共计1372项③。这些非遗项目，也毫无疑问是中华传统文化不可多得的宝贵资源。

三、中华传统文化的经典元素与独特符号是当今中国文化建设的民族特色

世界上每一种文化都具有自己独特的内在元素和表达符号。中华文化的

---

① 纪晓平：《四库文化工程与古籍数量问题》，《图书馆杂志》2001 年第 11 期。

② 《中国不可移动文物 766722 处 世界遗产数量跃居全球第二》，《新民晚报》2017 年 2 月 21 日。

③ 光明网：《数来宝等 9 个非物质文化遗产项目纳入国家名录》（2014-12-14），http://life.gmw.cn/2014-12/04/content_14051856.htm。

民族特色是其区别于其他文化的内在本质规定性，而所有文化其特色的形成都经历过漫长的发展过程，中华文化的独特风格决定了当代中国文化的民族特色。

（一）民族特色是所有文化区别于其他文化的内在本质

所谓文化特色，就是独一无二的文化本质规定性，也是与其他文化相比较最鲜明的识别度，或者叫作容易辨别的特点。比如，农耕文化的特色，也有人称之为陆地文明，或者叫作黄色文明，是与游牧文明、蓝色的海洋文明等相区别。农耕文明造就了中华传统文化的尊重自然、顺天而行、尊重生态、主张天人合一的文化传统。又如，内向文化的特色。这里的内向，一是指礼仪文化的特色，注重礼仪的核心就是尊重别人，谦恭屈尊；二是指文化风格的含蓄内敛不张扬，即便是豪情万丈，也绝不表达得张牙舞爪。再如，注重社会人伦关系的特色。有专家说过，在世界的几个古文明中，存在明确的分工，古希腊的哲学家主要是在海边思考人和物的关系；而印度的哲学家则通过在恒河边打坐集中研究人和神的关系；而中国的哲学家则一边在黄河边散步，一边琢磨人与人的关系。也因此形成了中国传统文化的特点，崇尚正义、和平的特色。在世界不同的文明元中，中华文化可能算是唯一一个曾经非常强大，但却从不觊觎他国疆土或资源的文明。

（二）任何文化的民族特色都需经过长期积淀才能形成

任何一种文化特色的养成都必须经历一个漫长的过程。因为：首先，文化特色的形成往往取决于不同的自然和人文环境。自然环境往往在一定的时期内会具有一定的稳定性，而人文环境则会随着政治权力的更替而产生较大的差别。而文化中本质反映民族共性的要素则需要经过政治风雨的洗礼和漫长岁月的沉淀，才能沙里淘金般地被选择和存留下来。其次，这些民族文化特质需要相应区域中作为文化主体的人们一代接着一代的发扬光大，不断丰富其内涵，不断凝练其表达，并不断完成代际的传承，由此可见，其内容丰富的过程相当漫长，传承的过程也相当漫长。最后，这种特色被传播出去，被其他民族认可和辨识的过程也不是一朝一夕就能够完成的。因为在过去漫长的时代里，交通工具比较落后，信息交流的手段也比较传统，极大地限制了文化传播的范围和频率，基本上要依靠物质的著述载体或人与人之间的对话才能完成。即便是现代的信息手段下，人们也可能会受政治经济发展程度或文化选择偏好的影响，对有些文化长期难以接触和了解。正是由于民族文化特色形成和传播过程的漫长，所以一旦形成和得以传播之后，会在相当长的阶段内具有相对的稳定性。

（三）中华传统文化的内涵风格是当今中国文化的民族符号

中华传统文化的内涵风格在世界上是独一无二的。诸如礼义文化，被广泛认为是我国最重要的文化特色。有国外学者认为，"礼是中国人所有思想观念的集中体现。在笔者看来，中国可以贡献给世界最合适、最完美描述自己民族性情的专著就是《礼记》。中国人的感情靠礼来满足，他们的职责靠礼来实现，他们的善恶靠礼来评判，人与人之间自然的关系靠礼来维系。总而言之，这是一个礼仪之邦，每个人都作为道德的、政治的和宗教的人而存在，受家庭、社会和宗教等多重关系的制约。"[1] 可以说，"礼"的文化内涵，赋予了中华文化含蓄、内敛、谦恭、刚毅、包容、厚重的文化风格，成为当代中国文化最具民族特色的文化符号。

四、中华传统文化蕴含的人文精神是推动当今中国文化建设的不竭动力

人文精神是中华传统文化的内涵和精髓所在，也是前人留给我们的宝贵

---

① ［美］阿瑟·史密斯：《中国人的性情》，王续燃译，长征出版社2009年版，第76页。

精神财富，能够激励一代又一代中华儿女的爱国之情和报国之志，也是国人不断增强自身修养、提高整体国民素质的重要文化资源，也是值得世代传承的价值所在。

（一）传统文化蕴含的人文精神是中华民族世代传承的宝贵精神财富

中华优秀传统文化积淀着多样、珍贵的精神财富，如求同存异、和而不同的处世方法，文以载道、以文化人的教化思想，形神兼备、情景交融的美学追求，俭约自守、中和泰和的生活理念等，是中国人民思想观念、风俗习惯、生活方式、情感样式的集中表达，滋养了独特丰富的文学艺术、科学技术、人文学术，至今仍然具有深刻的影响。但中华文化传统中最根本或者说最历经岁月洗礼而仍然具有内在生命力的无外乎其人文精神。人文精神，说到底就是对人的生命价值的尊重，对人的全面发展的鼓励与倡导，对人的精神文化需求的满足，等等。而这些恰恰是与人类文明发展的方向相一致，与社会主义事业的发展宗旨相一致的，故而将成为值得世代相传的最宝贵的精神财富。

（二）传统人文精神所倡导的家国情怀不断强化知识分子的文化强国责任

传统文化的家国情怀最集中体现的可能就是修身、齐家、治国、平天下。有人说，中国之所以能够在七十年内就从一穷二白发展到富足强盛，中国人内心深处浓厚的家国情怀就是我们生生不息、顽强拼搏的强大动力源泉。中国历代知识分子素来以传统的人文精神修身，以传统的人文精神齐家，以传统的人文精神治国，以传统的人文精神平天下。所以他们始终秉承着"天下兴亡，匹夫有责""先天下之忧而忧，后天下之乐而乐""位卑未敢忘忧国""铁肩担道义"等人生使命，为民族的复兴、国家的兴亡而前赴后继。

文化强国，当代中国知识分子责无旁贷，必须为此而努力贡献。这也是传统人文精神的昭示。当代中国知识分子必须以这份担当创作生产更多的优秀作品激励民众，大力弘扬传统美德感召民众，以现代媒体广泛传播优秀的艺术作品，不断提升民众的审美情趣和文化消费理念，倡导和而不同、求同存异的处世方法，不断促进文化生态的繁荣和社会的和谐，探索有中国特色的文化产业发展之路，不断满足民众日益增长的多元文化需求；努力促进中国文化走出去，实现与世界文明的广泛交流与平等对话，让中华文化从容地自立于世界民族文化之林。

（三）传统人文精神所倡导的修身精神激励民众不断增强自我修养

任何文化强国的国民都具有与之相应的文化修养。文化是什么？不是拥有高学历，不是拥有高职称，也不是在文化行业就职，而是发自心底的善良，流淌在血液里的自尊，刻在骨子里的自信，不用监督的自律。修身文化，是中华传统文化中最具特色的内容。所谓"三人行必有吾师""吾日三省吾身""苟日新，日日新""厚德博学，止于至善"等，都是修身文化的经典观念。中国传统礼仪文化强调"修身"，倡导"君子慎独"精神，意在通过修身和自律，提升自身的道德素养，约束自己的行为，不做法律和道德不允许的事情。

在当代中国，一方面，由于社会主义制度的建立脱胎于半殖民地半封建的社会基础；另一方面，40余年改革开放强调的以经济建设为中心，公民整体文化素质与现代化的需要还存在一定的差距，迫切需要加快建设。因此，充分调动传统文化资源，以民族文化的亲近感和乡土话语风格，广泛倡导每一位公民的自我修身，对促进文化强国建设，意义尤其重大。

第三节　中国传统礼义文化的当代文明价值

"文化是民族的血脉，是人民的精神家园。文化自信是更基本、更深层、更持久的力量。中华文化独一无二的理念、智慧、气度、神韵，增添了中国人民和中华民族内心深处的自信和自豪"①。这是 2017 年《意见》的开篇语。其中指出，"中华民族和中国人民在修齐治平、尊时守位、知常达变、开物成务、建功立业过程中培育和形成的基本思想理念，如革故鼎新、与时俱进的思想，脚踏实地、实事求是的思想，惠民利民、安民富民的思想，道法自然、天人合一的思想等，可以为人们认识和改造世界提供有益启迪，可以为治国理政提供有益借鉴。传承发展中华优秀传统文化，就要大力弘扬讲仁爱、重民本、守诚信、崇正义、尚和合、求大同等核心思想理念"②。并且提出：到 2025 年，中华优秀传统文化传承发展体系基本形成，研究阐发、教育普及、保护传承、创新发展、传播交流等方面协同推进并取得重要成果，具有中国特色、中国风格、中国气派的文化产品更加丰富，文化自觉和文化自信显著增强，国家文化软实力的根基更为坚实，中华文化的国际影响力明显提升。这些引述为本书提供了有力支撑。

众所周知，中国传统礼义文化是中华优秀传统文化的重要组成部分和核心内容。也有人称其为是我国优秀传统文化的"精神内核"。尽管礼义文化的内涵，在不同的历史阶段，以及在不同的代表性人物或学派的阐释中，说法各异。诸如有人认为孔子重礼，孟子、荀子重义。而且历代文人学者对"礼"和"义"的内涵也是众说纷纭、各持所据。而且据资料记载史上曾将"义"与"仪"相通使用。但就成果总量来看，学术界对"礼仪文化"研究的成果较多，而"礼义文化"的涉猎则较少。

笔者认为，其原因之一就是不少学者往往将二者概念等同，或者换句话说就是对礼仪文化的概念，在有些文章中是广义的，这种广义的论域应该大

---

① 《中共中央办公厅、国务院办公厅印发关于实施中华优秀传统文化传承发展工程的意见》，《人民日报》2017 年 1 月 26 日。

② 《中共中央办公厅、国务院办公厅印发关于实施中华优秀传统文化传承发展工程的意见》，《人民日报》2017 年 1 月 26 日。

约等同于礼义文化。而在另一些作者的论域里，则是狭义的，即仅仅是指礼的仪式和形式。笔者在参阅前人研究成果的基础上，也是在尊重多数人对礼义一般含义的理解与认同前提下，认为礼义文化包括礼仪文化，但不局限于礼仪文化。或者可以说，礼仪文化是礼义文化的起点，而礼义文化则是在礼仪文化基础上的拓展和丰富，是其文化内涵的深化和体系的成熟。"'礼义'一词所表达的内涵丰富博大，几乎涵盖了儒家关于人伦、天道、政治、社会、文教、风俗诸多方面的基本精神。"①

礼义文化实际上就是对中国封建社会的核心价值观念以及等级制度和社会政治秩序规范的系统表达。即，所谓的五常（仁义礼智信）、八德（孝悌忠信礼义廉耻）、四维（礼义廉耻）都包括在内。在某种意义上，或者可以说是中国封建社会的核心价值观。其中包括礼和义。礼即礼仪，指具体礼节，"是仪式、礼节的形式规定，指人在一定场景下的进退揖让，语词应答、程式次序、手足举措皆须按礼仪举止的规定而行，显示出发达的行为形式化的特色。"②

一般来说，礼所表达的是敬意和尊重，是所谓君子的基本修为，相当于西方的绅士风度；礼仪既包括社会法纪和公共秩序规范，也包括社会交往和待人处世的规约与礼节。中国传统礼仪文化最初运用于宗教祭祀，进而成为封建统治阶级的统治工具，即封建等级制度；接着又经历了形成社会共识和被批判否定过程。一直到新中国成立后尤其是改革开放之后又在社会公共交往中获得重生。其基本内容包括宫廷礼仪、家族礼仪、个人礼仪、国家礼仪以及社会婚丧节庆礼仪等。形成了一整套包括礼仪思想、礼仪制度、礼仪习惯、礼仪器物、礼仪教育等内容在内的礼仪文化体系。无论在历史的哪个阶段都具有相应的道德、政治和社会价值。中国文化传统中的"义"孟子曾阐

---

① 肖群忠：《礼义之邦的礼义精神重建》，《北大中国文化研究》总第 3 期。
② 肖群忠：《礼义之邦的礼义精神重建》，《北大中国文化研究》总第 3 期。

释为"威仪""敬长""羞恶""忠君"之意，后来则演变出道义、正义、仁义、忠义、信义等内涵。一般是指社会所倡导的圣人理念、君子理念、孝悌理念、秩序理念、和合理念、持中理念等。

一般来说，义在中国传统文化中至少有两个层面的含义，一是作为社会层级制度、社会交往公约而言，是倡导仁义、公勇、诚信、举善等观念，诸如常见成语中的讲信重义、见利思义、见义勇为、舍生取义、义无反顾、仗义助人等。二是指在个人修养层面，义则是指一个人内心所秉持的仁德、忠厚、谦恭、无私的道德品质以及时时处处的严格自律和舍身成仁，是对一个人良好的内在修为和行为习惯的高度评价。或者可以说，义是道统，仪是载体；义是内涵，仪是形式；礼是外在的法纪习俗的约束和遵守，义则更多的指的是内在的道德的修为和自我约束。所谓"德成于中，礼形于外"。道德是礼仪的基础，而礼仪则是道德的外在表现。道德决定礼仪，礼仪反映道德。总之，这里所指的礼义，是中华传统文化中所反映的文化传统，既不是指哪一个朝代的礼和义的内涵约定，更不是哪一种礼和义的具体形式，而是中华文化传统中的礼义精神。

传统中国常自称或被称为"礼仪之邦"或"礼义之邦"。礼仪之邦实际上就是文明之邦。"文明"一词，在中国古代始见于《周易·易传》，如象辞"文明以止，人文也。"陈来先生认为："与近代汉语'文明'意义相当的语词，在古代即是'礼'，换言之，古代中国文化的'礼'含有文明的意义'"[1]。因此，说我国自古以来就是"礼仪之邦"，在某种意义上说就是"文明之邦"[2]。"礼仪是人类文明的重要标志，是中西文明不朽的精华。"[3]

由此可见，不管是礼仪还是礼义，都与社会和国家的文明风尚和文明程

---

[1]　陈来：《北京国学大学》，北京大学出版社2012年版，第46页。

[2]　肖群忠：《礼义之邦的礼义精神重建》，《北大中国文化研究》总第3期。

[3]　蒋璟萍：《东西方礼仪教育与比较》，《湘潭大学学报》（哲学社会科学版）2006年第5期。

度息息相关。本节从传统礼义文化对于公民文明素质的提升，对社会文明风尚的引领，对社会文明和谐的促进，对国家文明形象的塑造方面作以探讨。

一、提升公民文明素质

公民是社会的细胞。公民的整体文明素质决定社会的文明风尚和文明程度。公民文明素质一般包括公民文明意识、公民文明知识、公民文明行为习惯等。作为公民道德要求包括爱国守法、明礼诚信、团结友善、勤俭自强、敬业奉献等。关于传统礼义文化与公民文明素质提升之间的关系，至少包含以下层次：

（一）以传统礼义文化提升公民文明素质的内在逻辑

有人认为，礼义文化作为封建时代的思想产物，对现代公民文明素质的作用值得质疑。笔者认为，作为中华民族的文化传统，以传统礼义文化提升公民文明素质存在着一系列内在的逻辑衔接因素。

其一，礼义文化本身就是人类发展的重要文明成果之一。明礼是人们从野蛮走向文明最重要的飞跃和标志。封建社会本身就是比原始社会和奴隶制社会更文明的社会。中国传统礼义文化虽然产生在封建社会，但其中的精华，也就是作为中华民族文化传统的长幼有序、忠义诚信、恭谦礼让、友善和谐等基本精神却是人类文明进步的重要成果，也已经在长期的发展演变过程中形成了中华民族的文化传统，作为传统文化的精髓，或者作为一种文化精神，永远不会随着时代的变迁而消亡，也就是说在任何时代都仍有弘扬的价值。

其二，礼义作为人与人交往的重要规约，对提升公民文明交往素质不可或缺。从一定意义上讲，礼义文化是中国传统文化的核心和精华。因为中国传统文化的基本研究对象是人与人及人与社会的关系，所以我们也常常称之为伦理文化。而礼义文化则是人与人及人与社会关系的核心内容。而这些内容和规约恰恰也是当代公民文明素质中必须涵养和理应具备的，具有内在的对应关联性。这是因为，随着人类社会文明的演进，城市化、市民社会已经成为不可阻挡的趋势，公民的公共交往范围和程度日益广泛和深入，关于交往的文明素质亟待涵养。

其三，礼义文化的核心内容也是当代公民文明素质要求的重要侧面。虽然传统礼义文化带着浓厚的封建色彩，但礼义的基本精神和崇尚礼义的情怀却是每一个时代都应当肯定和必需的。正是由于当今中国曾经从农业文明走来，城市化是伴随着工业化才实现的。所以公民公共场合文明素质的培养基础相对薄弱，而要广泛地予以培养，则需要一个长期的过程。尽管当代公民素质具有现代性，但是现代公民在人际交往和公共关系处理过程中也仍然需要秉持恭谦礼让、诚信友善、尊老爱幼、和谐有序的儒雅态度和行为规约。也正是从这个意义上说，传统礼义文化对当代公民素质培养具有对接性意义。

其四，传统礼义文化是当代中国公民素质涵育不可多得的民族文化资源。中国有数千年的文明史，是世界上唯一一个文明不曾中断的国家。中国传统礼义文化资源积淀丰厚，也是世界上许多国家无法比拟的。这种文化和文明的积淀，不仅曾经得到全世界的公认，而且总是被其他民族所敬仰和模仿。任何民族的礼义文化都是具有自己的特色的。正是这种特色决定了社会交往的不同方式和习惯。这种方式和习惯有时候就像一种特殊的符号一样能够唤起同胞之间的民族情感。中国礼义文化作为区域性文明成果的重要代表与西方礼义文化相比少了些宗教色彩，而更加注重世俗性；少了些自由平等的色彩，更注重尊卑有序。更注重集体主义，不像西方更注重个人主义。

其五，当代国人对民族文化传统怀有天然的亲近感。中国传统礼义文化的基本情怀就是修身、齐家、治国、平天下。当今中国公民文明素质的培养也是中华民族文化传统的延续和传承，仍然铭刻着中华民族的特色。而当代中国人民对传统民族文化也有着与生俱来的亲近感，因为这是血浓于水的民族文化传承，也是当代中华文明的中国风格和中国味道的内在基因。

（二）以传统礼义文化提升公民文明素质基本维度

就传统礼义文化与提升当代我国公民文明素质二者之间内容的对应性来讲，在理论上主要存在以下的对接维度。

第一，从文化理念方面强化公民文明意识。公民文明素质涵育的首要方面就是强化公民文明意识。所谓强化文明意识，就是在全社会倡导树立一种崇尚文明、追求文明、争做文明人的观念。如前所述，传统礼义文化作为人类文明的思想文化成果之一，其所内含的人文情怀以及关于恭谦礼让、诚信友善、尊重自然、尊重生命等基本精神，作为人类文明的思想成果，不仅值得我们世代传承，而且值得推广和弘扬。尤其是作为中华民族的历史文化传统，对强化当代公民文明意识具有难能可贵的现实价值。

第二，从内在道德修养方面提升公民文明素质。传统礼义基本精神的一个重要方面就是强调个人内在的道德修养。所谓君子之道，重在修身正身。强调"吾日三省吾身"的内化悟道和"内圣外王"的修身境界，对自我内在修养的追求是生命不止，修养不休；对修养境界的追求是止于至善，永无止境。故而传统礼义文化对于当代公民强化修身愿望和行为激励意义重大。从道德意义上说，不仅是为了让人们成为好人，而且能够使之成为高尚的人。

第三，从外在法纪观念方面提升公民文明素质。法治也是人类文明发展的重要产物。其基本精神是以刚性的边界条律确定人们行为的边界，从而起到约束人们行为的作用。故而，法律是社会秩序的强制性维护者，是为了不让人们成为坏人。一旦触犯了法律，就必须受到惩罚，必须付出相应的代价。传统礼义基本精神的另一个侧面就是礼制，即社会制度规范，这也是保障社会和谐有序的共认性规约。在现代国家里，如果每位公民都能够做到敬畏法律，遵章行事，那么整个社会的现代文明秩序必将得到充分的保障。

第四，从交往礼仪风尚方面提升公民文明素质。文明社交是社会文明风尚的重要侧面。广泛参与社交活动是当今社会公民社会性体现的重要窗口。交往礼仪风尚也是体现公民文明素质的重要侧面之一。遵循传统礼仪文化的基本精神，人们之间的交往就会爱护环境，遵守诚信，语出友善，信守承诺等。如果文明交往能够成为每一位公民的行为习惯，整个社会就会形成健康向上的文明风尚。

（三）以传统礼义文化提升公民文明素质的实践路径

就传统礼义文化在提升公民文明素质方面的传承连续性意义上讲，需要通过以下路径来实现当代的传承。

其一，通过多种途径引导人们学习了解传统礼义文化知识。就人类认知规律而言，引导公民了解文明知识，是强化公民文明意识的重要前提。人类行为选择规律告诉我们，人们行为选择的前提首先是认知选择，通过认知而辨别是非，在获得主观认可的基础上方才用于指导行为实践。人们所有行为习惯的养成，大多是以了解并赞同某种观念为前提的。所以广泛普及传统礼义文化知识，让人们充分感受其美好并产生向往，是逐渐养成自觉的行为习惯的必要前提。

其二，以多种方式树立践行传统礼义文化的典型。人类社会许多良好行为习惯的倡导是需要典型示范和英模引路的。这也是人们的社会性所决定的。社会舆论对某一种思想行为典范的举荐和褒扬，会在很大程度上激励和引导人们去学习和模仿。尤其是在信息高度发达的当代，舆论对人们影响的力量不可低估。所以充分发挥典型引路的方式，推动人们以典型为榜样，不断提升公民的个人文明素养不失为当代我国涵育公民文明习惯的有效途径。

其三，利用融媒体大力营造相关的舆论氛围。文化的主要功能是"化人"。人们常常在描述人与环境的关系时，强调"环境造就人"。这是因为人们所处的社会舆论环境和文化氛围，对人们思想行为的影响重要且直接。尤其是当代社会，由于融媒体和自媒体信息的高度发达，人们受社会舆论和文化氛围影响和引领的深度和广度前所未有。同时，由于人们每天都被海量的信息所包围，对许多信息的阅读和理解都是碎片化的，故对舆论中心人物的敬佩也往往是比较单纯的，就像明星偶像一样，故而其效果可以充分预期。

二、引领社会文明风尚

一个社会的文明风尚一般由物化的文明环境和人这个最活跃因素的文明意识与文明习惯构成。充分发挥传统礼义文化引领社会文明风尚作用的依据和路径大致如下：

（一）传统礼义文化与引领社会文明风尚的内在关联

传统礼义文化与引领社会文明风尚之间的内在关联，存在于该文化内容的性质归类、对接价值与民族特色元素。

第一，传统礼义文化本身就是反映人类社会文明风尚的重要成果之一。人类社会的进化因有礼而稳定有序，因崇义而美好良善，因行仪而隆重庄严。呈现出一幅以礼载义、以义厚礼、以仪壮礼的美好社会景象。传统礼义文化作为中华文明的优秀遗产，就是社会文明的重要思想成果。正是从这个意义上说，传承传统礼义文化的基本精神，并赋以时代的内涵，就是当今中国社会文明风尚建设的基本原则和文化特色。

第二，传统礼义文化倡导的秩序和规范对社会文明风尚具有重要意义。有学者说过，"礼仪是和谐，它将人的行为规范约束在一定的礼仪范畴中，使人们各就其位、各司其事、各尽其职，保持人类健康有序发展。礼仪是尊重，使人们做到遵守、自律、敬人、宽容、平等、从俗、真诚与适度，自觉地对交往对象一视同仁，给予礼遇。礼仪是善良，用来处理人与人及人与社会之间关系的行为规范，是人类共同生活必须遵循的善。礼仪是美，使人们做到举止优雅、服饰得体、仪容整洁、语言礼貌，也是一个人的审美情趣与文化品味的窗口。"①这段话，基本概括了传统礼义文化在引领当代社会文明风尚中的价值与意义。

第三，传统礼义文化是当代中国社会文明风尚的民族特色元素。在人类文明发展史上，所有的民族或区域的文明风格都是独一无二的。当代中国的社会文明风尚亦是如此。中国礼义文化的与众不同，恰恰是民族文化传统所赋予的。也正是这个原因，在中华文化最初走出国门、走向世界时，最特色的文化符号就是孔子学院。与西方文明相比中国文明风尚所体现的含蓄、谦让、隐忍、宽容等都带着浓厚的中华文化特色。这种特色与长期的历史积淀和崇尚和平、和谐的文化传统密不可分。

（二）以传统礼义文化引领社会文明风尚的应然维度

从传统礼义文化基本精神内涵和社会文明风尚领域对接的意义上说，传统礼义文化对引领当代社会节庆仪式、婚丧习俗和公共交往风尚具有直接意义。

其一，以传统礼义文化引领社会节庆仪式风尚。节庆是人类在发展过程中对具有自然和社会特殊意义的日子的纪念和情感表达方式，也是人们在社会性共同认知的基础上所形成的共同意志的情感表达。一般来讲，不同区域和民族的节庆文化都是该区域或民族长期文化积累的结果，在某种意义上体现的就是相应的文化传统。而这种传统本身都鲜明地折射着该文明的发展

---

① 蒋璟萍：《东西方礼仪教育与比较》，《湘潭大学学报》（哲学社会科学版）2006年第5期。

程度。中国由于是世界上所有文明古国中唯一一个文明传统不曾中断的国家，所以传统文化的积累悠久且厚重。同时，传统礼义文化最初的产生就是从祭拜神灵、祖先等非常神圣的仪式而来的，所以对引领当代社会的节庆习俗有着割不断的血脉联系。但是需要说明的是，随着时代的发展，我们需要传承和弘扬的是传统礼义文化中敬畏天地、感恩先贤的态度和情感，至于具体的仪式形式则必须随着时代需要而与时俱进，符合民众的生活和情感习惯选择。

其二，以传统礼义文化引领社会婚丧习俗风尚。婚丧习俗作为一种家庭和个人不可回避的社会礼节，与每一位公民的生活都息息相关。同时婚丧习俗也往往是一个国家或民族文化传统中最具有民族个性特色的文化传统。中国的婚丧习俗在长期的演变过程中充满着民族元素，而且作为一个多民族的大国，不同的民族其婚丧习俗存在巨大的差异。尽管如此，传承中华传统礼义文化精神，就是传承其重承诺、重亲情、隆重而简约、尊重民俗习惯等理念，使当代社会的婚丧习俗文化既具有民族特色，又紧跟时代潮流。

其三，以传统礼义文化引领社会公共交往风尚。毫无疑问，当今的社会公共交往是社会文明风尚的重要窗口之一。如前所说，传统礼仪文化的核心内容就是关于人与人、人与社会的相处之道。其所内含的关于人与人和人与社会交往的基本精神即所谓的诚信友善、恭敬礼让等，这些对当代社会的公民文明交往仍然具有比较积极的借鉴意义。尤其是在经历了数十年市场经济建设的洗礼之后，诸如诚信交往、乐于助人、见义勇为等公民文明素质是迫切需要加强的。

（三）用传统礼义文化引领社会文明风尚的实践维度

在操作层面，首先应当赋予传统礼义文化新的内涵，同时也要完成其形式载体的时代转换，并以此打造当代中国社会文明风尚的中国风格和民族名片。

第一，深入挖掘传统礼义文化的内涵精髓，完成时代转换。所有文化的传承和弘扬都存在一种态度的选择。按照文化传承和文化借鉴的规律，一方面，我们必须凝练其内在精神，弘扬其精髓，而不是生搬硬套，模仿其外在的形式和皮毛；与此同时，所有文化的生命力都在于与时俱进，我们必须跟随变化了的时代，将其基本精神与时代的相关因素相结合，创造性地发展，才能在真正意义上获得认可和得到具有时代生命力的弘扬。

第二，赋予传统礼义文化新的时代内涵和形式载体。任何传统文化，都带着其形成时代的痕迹。尽管传统礼仪文化在古代显得非常庄严肃穆，但是毕竟时代在发展，人们的审美水平也在不断提高，现在再让大家长袍马褂，三拜九叩地行礼肯定不合适。所以必须在形式上赋予时代特色。与此同时，加大对国家重要礼仪的普及教育与宣传力度，在国家重大节庆活动中体现仪式感、庄重感、荣誉感，彰显中华传统礼仪文化的时代价值，树立文明古国、礼仪之邦的良好形象。研究提出承接传统习俗、符合现代文明要求的社会礼仪、服装服饰、文明用语规范，建立健全各类公共场所和网络公共空间的礼仪、礼节、礼貌规范，推动形成良好的言行举止和礼让宽容的社会风尚。

第三，以传统礼义文化元素打造当代中国社会文明风尚的中国风格。社会文明风尚的内容比较宽泛。除了节庆文化、婚俗文化和交往文化之外，还包括生态文化、建筑文化、城市文化、乡村文化、博览文化、饮食文化、服饰文化、旅游休闲文化等，而这些文化中都或多或少地包含礼义文化因素，故而，将传统礼义文化的基本精神有机地融入上述文化，就一定会呈现当代中国社会文明风尚的中国风格和中国气派。

三、促进社会文明和谐

如果说运用传统礼义文化提升公民文明素质和引领社会文明风尚是因或

前提的话，那么促进社会文明和谐在某种意义上说就是其结果的显现。一般来说，文明的社会应当是和谐的，而和谐的社会在某种意义上也体现了其文明的程度。

（一）传统礼义文化促进社会文明和谐的内在逻辑

如前所说，传统礼义文化本身就是在促进社会和谐的过程中应运而生的，其之所以能够世代传承的价值和意义也在于能够发挥促进社会和谐的社会作用，尤其是能够发挥法治强制性之外的补充作用。

首先，传统礼义文化原本就是在促进社会和谐中被升华的精神产物。人类区别于动物最显著的特征就是具有强烈的社会性，而在充分满足这种社会性的同时就需要形成一种共同认可的公约来避免相互的冲突、保持社会的和谐有序，这就是礼义文化应运而生的必然性。传统礼义文化作为中华文明的思想产物，之所以具有重要的文明价值，首先就在于曾经有效地促进了当时社会的和谐有序，从而能够被思想家们从成功的社会实践中升华成为思想文化遗产而得以流传至今。

其次，传统礼义文化通过化人和引领社会风尚实现社会和谐。所有文化都是人类创造的，同时其所存在的社会价值也必须通过人才能得以实现。如前所述，传统礼仪文化作为一种文化遗产，也首先需要通过对人们观念的影响，也就是在强化人们的文明意识和文明行为习惯方面发挥作用，因为人类永远都是文化的主体，同时也是社会文明建设的主体力量，一个社会的文明程度往往首先取决于其公民整体的文明素质。同样，社会的文明风尚也会直接影响公民的文明素质，而公民的整体文明素质也会直接决定一个社会的文明风尚。

最后，传统礼义文化是对法律强制约束的有益补充。尽管传统礼义也含有制度意义，但在此作为一种延续的民族文化传统则更侧重于对人们道德素质的影响和塑造。从管理学意义上讲，规则的确立或惩治只能是治标的，而人们意志的凝聚才是治理之本。古人云，攻心者为上，讲的就是要通过思想的引领、道德的养成，使所有公民都能将文明意识和文明规范化为内心的自觉，传统礼义文化在当今的功能与魅力恰在于此。

（二）以传统礼义文化促进社会文明和谐的理论维度

就中华传统礼义文化与促进社会文明和谐之间的内在联系，大致存在以下方面：

第一，传统礼义文化浸润的人是社会文明和谐的细胞。一般来说，所谓社会和谐，主要是人与人、人与社会、人与自然之间的和谐。而人与人之间的和谐往往不仅是首要的，而且也会影响和决定人与社会以及人与自然之间的和谐。正是从这个意义上说，传统礼义文化作为以关注社会治理和人际伦理关系为特色的文化，其促进社会文明和谐功能的发挥应当通过对所有公民文明素质的提升和文明行为习惯的涵养去实现。

第二，传统礼义文化氛围是社会文明和谐的空气环境。众所周知，生命的存在离不开空气和水。尽管人是促进社会文明和谐中最主要、最活跃的因素，但是绝对也离不开社会相关的文化氛围。相应的文化氛围就像生命体所需要的空气和水一样，无处不在、如影相随地发挥着作用。在教育理念方面，曾经有一种"泡菜理论"，认为教育的文化氛围，就像泡菜缸里的汁液，被教育的主体，被投入到什么味道的汁液中，就会产生什么味道的产品。从认识论意义上说，所有的人都是一定环境下的人，文化舆论环境会在很大的意义上诱导和引领人们的思想和行为朝着环境所预期的方面发展。这就是环境造就人的道理。

第三，传统礼义文化是社会文明和谐的民族文化渊源。实践证明，人类历史上所有的文明都是不可复制的。中华文明过去如此，现在如此，将来依然如此。其促进和谐文明的文化类型也是独一无二的。"民族的，才是世界的"。

当代中华文明要想走向世界，必须也只能坚持自己的文化特色。而传统礼义文化就是我们割不断、绕不开、离不了的民族文化根脉和可资利用的宝贵资源。

（三）用传统礼义文化促进社会文明和谐的实践路径

充分发挥传统礼义文化在当今我国社会文明和谐中的促进作用，是一个文化实践的话题。作为文化实践，理论上讲，首先离不开通过提高人的文明素质而取得效果。其次是通过对社会文明氛围的营造而实现促进作用。最后就是大力推介有关行业和区域的典型，以榜样的力量强化引领效果。

首先，在以传统礼义文化塑造人方面下大功夫。社会文明和谐作为一种文明现象取决于人们的文明素养和行为。社会成员文明素养的养成，是一项长期和立体的系统工程。所幸的是我们拥有礼义文化的民族传统，这也是中国人流淌在血液中和刻在骨髓里的文化基因，是最容易被唤起的、也是最容易产生认同的文化情感，拥有得天独厚的传承纽带，可以成为最直接、最本土、最能够与民族文化习惯对接的文化资源。

其次，大力营造弘扬传统礼义文化的社会氛围。在某种意义上说，社会文化氛围就像涵养生命的水与空气一样，可以无孔不入、随时随地地浸润着人们的精神生命。这也就是教育学意义上所说的"泡菜理论"，即环境育人的道理。营造传统礼仪文化的社会氛围，一是物化的环境标识，要体现礼仪文化的要素和味道；二是公共设施对人们礼义行为的引导和规范，体现明确的导向；三是老师、家长和社会公众人物的典范引领，这也是政治社会化的重要渠道。

最后，努力培育和推广践行礼义文化的区域和行业典型。俗话说，榜样的力量是无穷的。中国也是在探索社会治理和发展模式中最善于通过实验和进行典型推广的国家之一。这也是中国作为一个人口和版图大国，必须要采取的也是最为有效的社会发展引领方式。尤其在思想道德和社会风尚引领方面，这种典型和榜样的引领作用尤为有效。区域和行业都是社会构成的重要板块，具有很强的复制推广价值。多年来我们在文明城市和文明单位的不同级别评选中，非常有效地促进了全社会文明风尚的形成。

四、塑造国家文明形象

当今中国已经步入新时代，新时代之新主要就在于中国正在加快走向世界的步伐。中国正处在由富变强的过程中，有效塑造中国在国际上的文明形象，不仅是由富变强的重要内涵构成，更是在国际上树立中华民族新形象的必然要求。

（一）传统礼义文化与塑造国家文明形象之间的必然关联

从理论上说，传统礼义文化不仅是国家文明形象的内涵之一，也是其中最富有中国特色的元素；同时，还是国家文明形象塑造可资利用的最直接的文化资源。

其一，传统礼义文化是中国国家文明形象的重要内涵之一。关于一个国家文明形象的内涵比较丰富。从比较大的方面来说，至少应当包括丰富发达的物质文明和相对先进美好的精神文明。毫无疑问，礼义文化应当是先进美好的精神文明的重要组成部分。如前文所述，中国曾因古代人文文明的发达而被称为"礼仪之邦"，这个词汇，直接、准确地表达了礼义文化对国家形象塑造的代表性效果。

其二，传统礼义文化是中国国家形象中最富民族特色的元素。有学者说过，文化不仅是一个民族的灵魂，也是一个民族的面孔。我们之所以能够经常从一个人举手投足的气质形象中感受到或者得到其关于个人修养的判断，其实最基本的就是以其待人接物的礼仪习惯作为观察视角的。而除了特别富有个性的人之外，一般来说，一个地区、一个国家的人们往往或具有许多共性的特点，这些就构成了该地区或者该国家的民族特色。如前所说，中国曾被称为礼仪之邦，所以，传统礼义文化所浸润出来的民众的礼仪习惯，就是中国国家形象中最富有中华民族特色的名片。

其三，传统礼义文化是中国国家形象塑造的重要文化资源。当前中国特色的社会主义建设已经进入新时代，也就是正在经历从富到强，从办好自己的事，到积极参与国际事务，积极争取国际话语权，为建设人类命运共同体而充分发挥作用的时代。中华民族的国际形象必须重塑，重塑需要大量的文化资源，而中华传统礼义文化则是其中不可多得的，也是比较直接的、最为接地气的、有民族亲和力的宝贵资源。

（二）以传统礼义文化塑造国家文明形象的理念维度

如前所述，本书所指的礼义文化，既包含礼仪的形式，同时也包含礼义的精神。从理论上说，代表一个国家文明形象的不仅仅是其与文明世界共处的理念，还有与其他国家和民族和谐相处的态度，以及为人类文明事业履行责任和做出贡献的能力。

第一，实现世界大同的人类命运共同体理念。实现世界大同，就是中华传统礼义文化在关于人类前途命运问题方面最经典的表述。就像费孝通先生当年提到的"各美其美，美人之美，美美与共，天下大同"。早年胡锦涛同志就提出建设和谐世界，而且我们也把和谐作为社会主义核心价值观的内容之一提了出来。当今习近平同志倡导建立人类命运共同体理念，这既是中华传统礼义文化关于国际秩序的时代表达，也是中国作为一个负责任的大国所提出的有效解决国际冲突的生态理念和科学方案。国家之间的利益争端也许是永恒的，但是当下人类正面对着越来越多的自然资源环境和欲望的威胁，需要人类同心协力，甚至牺牲局部利益，来顾全大局。这其实就是最大的义。

第二，友邦和谐、求富求强但决不称霸的理念。中华传统文化的礼义从古人的友邦和谐，诸如郑和七下西洋，除了友好访问，就是展示国威，没有任何扩大势力范围和拓展国家版图的意图。然后到新中国成立之后，周恩来在 20 世纪 50 年代提出的和平共处五项原则，再到胡锦涛提出的建设和谐世界，和习近平提出的建立人类命运共同体的倡议，中国一直在秉承着与友邦和善相处之礼和对国际责任的大国担当之义，有目共睹，也得到了世界的广泛认可。可以说在历史记载中，中国几乎没有侵略他国领土和掠夺他国资源的不义过往。在当代中国的核心价值观中，仍然把"和谐"列在其中。而且中国对于富强目标追求的内涵特色，也包括不称霸。

第三，为人类文明宝库增砖添瓦的贡献理念。众所周知，古代中国曾经为人类文明做出过巨大的贡献。据李约瑟的《中国科技史》记载，从公元纪年至公元 15 世纪，中国不仅以极其发达的农业文明创造着连续领先世界 1500 年的国内生产总值，而且在科学技术方面，不管是金属冶炼，还是农业耕作技术，也包括天文、医药等，所创造的先进技术，曾经长期占据世界总量的半数左右。只是近代以来，随着中西的强弱易势，中国落后了 200 余年，但是四十多年来，随着中国改革开放所创造的人间奇迹，中国创造正在不少领域领先世界，中国文化，包括优秀传统文化在内的中国特色社会主义文化正在越来越广泛地被全世界所认可，中华民族一定能够为人类文明做出一个大国应有的贡献。

（三）用传统礼义文化塑造国家文明形象的践行路径

如前所述，正是由于传统礼义文化能够成为中国文明形象的特色符号，也是不可多得、难能可贵的民族文化资源，故各相关方面应当高度重视广泛开拓实践路径，把以传统礼义文化塑造文明国家形象的理念转化成社会文明的实践。

　　首先，深入挖掘传统礼义文化的相关资源，并加强在国际间的交流。传统礼义文化作为中国传统文化的核心和精髓，其内涵相当丰富。不仅在不同的历史时期具有不同的表现形态；而且在多民族的文化演变中潜移默化地发挥着影响作用，催生了新的相关文化。全面、系统地挖掘和梳理中华传统文化中的相关资源，在促进国人广泛认同的同时通过广泛的渠道，努力扩大国际间的交流，使传统礼义的文化符号成为国际友人对中国国家形象的代表性认知和文化形象的品牌。

　　其次，赋予传统礼义文化新的时代内涵，并加强其在国际交往中的践行。文化传承的规律告诉我们，传承和弘扬传统文化的最好方式就是创新。因为只有创新才能使数千数百年前形成的文化活在当下，只有创新才能使其在得到当代人们的认知和认同的前提下获得发展。因此，当代国人不仅有责任而且也有能力通过对传统礼义文化的深入研究和系统梳理，并结合当今时代我国社会主义文化的本质要求、广大民众的文化需求习惯以及现代文化传播的手段等因素，因地制宜、与时俱进地赋予其新的内涵，诸如将传统礼义文化与社会主义核心价值观中的相关内容紧密结合，并在国际交往中切实践行，让传统礼义文化承载着富有中国特色的国家形象走遍全球。

　　最后，强化公共外交理念，让所有国人的一言一行都成为国家形象塑造的靓丽名片。当今时代，随着国际之间交往的日益扩大和频繁化，国家形象的塑造，绝不仅仅是国家领导人或相关外交人员的责任与使命。过去周恩来说过一句著名的话，"外交无小事"，就是因为凡是牵扯到外交的事项，事无巨细，都有可能被上升到国际关系的高度，或者换句话说，都有可能引起国家之间的外交摩擦或关系紧张。在当今社会，随着通讯信息手段的不断便捷化，国际之间的讯息交流日益频繁，不同国家人们的相互交往也比任何时代都更为密切，每一个公民个体，一旦走出国门，即便是在国内面对国际友人，也都代表着自己国家的形象，你的一言一行，都会成为对方感受和判断你的国家文明程度活生生的事实素材，所以，"迈出国门一步，肩负祖国荣辱"，绝不是一句空话。也只有达成了这个认识，每一位公民才都能成为国家形象的名片，当代中国美好国际形象的塑造也就指日可待。

第五章　当代中国区域文化生态研究
——以当代中原文化生态为例

第一节　中原经济区文化生态研究概述

一、中原经济区文化生态的研究缘起

（一）建设社会主义文化强国成为时代命题

2010 年 10 月，中共十七届六中全会做出了《中共中央关于深化文化体制改革、推动社会主义文化大发展大繁荣若干重大问题的决定》，提出了建设社会主义文化强国的战略方针。中共十八大报告重申这一重要战略，提出要扎实推进文化强国战略。建设社会主义文化强国的内在精髓在于社会主义核心价值观的社会广泛认同，从生态意义上探讨主流文化与大众文化、精英文化、传统文化等社会主要文化圈层的协调共荣规律，对促进以社会主义核心价值观为本质特点的主流文化的大众认同以及探讨建设社会主义文化强国的特色道路模式意义现实而深远。

（二）中原经济区建设上升为国家战略

2011 年 11 月，国务院出台了《关于支持河南省加快建设中原经济区的指导意见》，认为中原地处我国中心地带，是中华民族和华夏文明的重要发

源地，并将建设华夏历史文明传承创新区作为中原经济区五大战略定位之一。这是中国主体功能区划中最先明确为传承文化使命和功能的经济区域，为中原文化的大繁荣大发展指明了方向和任务，故从生态角度探索华夏历史文明传承创新区建设的路径成为必要。建设中原经济区，需要推进新型城镇化、新型工业化和农业现代化的协调发展，所以关注新型城镇化建设中的文化跟进措施具有现实意义。同时，新三化协调要求转变经济发展方式、发展文化产业是优化经济结构的重要途径，所以关注文化产业培育发展的格局和特色成为时代课题。

（三）中原历史文化具有典型代表性，传统文化资源丰厚但开发相对滞后

中原地区地处黄河流域，作为华夏历史文明的重要发源地之一，具有典型的内陆农耕文化特征和历久不衰、主干集成的代表性，历经数千年的整合与流变，积累了丰厚的历史文化资源。包括经典文献与古代文物资源、四大古都及历史遗址资源、各类非物质文化遗产资源等，被誉为"露天的中国历史博物馆"。但由于各种原因，其文化资源的保护和开发利用却相对滞后。在知名度上与陕西等省份存在较大差距；在保护区建设方面尚未形成合理的格局；在对外开放和观光旅游收入方面与资源拥有水平存在较大反差。

（四）广大人民群众阶段性猛增的精神文化需要与供给相对滞后

统计显示，当前河南省年均 GDP 早已超过 3000 美元。国际社会发展规律表明，在人均收入达到 3000—6000 美元阶段，人民群众的文化休闲消费在消费结构中比例明显上升，近年来"五一"和"十一"小长假中各景区游客的爆满情况，足以说明其规律性。与此同时，随着经济社会迅猛发展，人们对全面发展的追求日益强烈，其精神文化需求大量释放。社会主义文化建设的目的就是不断满足广大人民群众日益增长的精神文化需求，

当前中原经济区文化建设现状呈现出明显的相对滞后和不适应。其主要表现为，一是文化资源开发的总体格局和重点工程安排规划滞后；二是大部分人文景区资源开发的立意和层次不高，对外吸引力和承载能力有限；三是文化资源开发意识和社会参与积极性调动不够，相关有效的体制机制尚未形成。

（五）以文化生态优化杠杆，快速提升区域文化软实力

文化生态优化规律，包括探索经济社会与文化发展之间的相互协调、相互促进规律；通过加强主流文化的主导和引领功能，促进不同文化圈层之间的活跃繁荣、和谐共存、优势互补、良性持续规律；传统文化的传承创新规律；城镇文化与农村文化的均衡发展规律；健康文化对消极文化的抵御与竞争规律；等等。把握这些规律，对有效提升区域文化软实力意义重大。

其一，主流文化建设对中原经济区建设的动员力和凝聚力。就像社会主义核心价值是实现中国梦的动力源泉一样，中原经济区的主流文化建设毫无疑问是这一战略实施的内在动力。尤其中原人文精神的凝练和倡导，是动员和凝聚广大中原儿女为经济区建设建言献策、发光发热的强大精神纽带。

其二，大众文化建设对中原经济区建设的辐射力和拉动力。现阶段，与大众文化建设相关的文化产业和文化服务项目，可以在优化区域经济产业结构，减少环境生态污染压力，培育新的经济增长点，尤其激发城乡居民的精神文化消费等方面对经济区建设产生巨大的辐射力和拉动力。

其三，传统文化建设对中原经济区建设的支撑力和竞争力。传统文化资源积淀深厚是中原的区域优势，通过促进传统文化资源的科学开发，培育传统文化圈层的生态优势，既可以彰显中原的区域文化特色，又可以将文化资源优势转化为文化产业和内涵建设的优势，为区域经济社会全面发展提供文化支撑力和综合竞争力。

二、当代中原文化生态的论域与内涵述要

（一）当代中原文化生态的概念与论域

关于当代中原的区域概念。"中原"作为一个历史概念，在不同历史时期的区域所指均有不同。在当代中国，文化发展状况与行政区划和所处发展阶段的政策覆盖单元密切相关。依据国务院关于中原经济区批复中的说法，中原经济区是指以河南为主体，延及周边若干区域，是一个特点鲜明、优势独特，经济相连、使命相近，相对独立的区域经济综合体。即"以河南省为主体，包括与河南毗邻的晋东南、鲁西南、冀南、皖北的部分区域"①。具体包括：河南省18个省辖市；山西省的晋城市、长治市和运城市；河北省的邯郸市和邢台市；山东省的聊城市、菏泽市和泰安市东平县；安徽省的淮北市、亳州市、宿州市、阜阳市、蚌埠市和淮南市凤台县，共涵盖30个地级市和两个县。区域面积28.9万平方公里，涉及人口约1.7亿。由于该区是以河南为主体和中心，故本书的引用数据大多以河南省为主，模糊展现文化生态的辐射范围。

关于当代中原文化的生态概念。文化生态学是"以人类在创造文化的过程中与天然环境及人造环境的相互关系为对象的一门学科，其使命是把握文化生成与文化环境的调适及内在联系"②。中原文化生态，即中原文化的生存状态，是在中原经济区特定的地理环境、历史传统、发展阶段等因素的影响下，文化诸要素之间相互关联、相互作用所呈现出来的具有明显区域特征的整体文化状况。当代中原文化生态与其他区域相比，具有历史悠久、代表性强、内陆平原、包容稳定等重要特征。

关于当代中原文化生态研究的论域。指与当代社会的政治生态、经济

---

① 《国务院关于支持河南省加快建设中原经济区的指导意见》，《河南日报》2011年10月9日。

② 冯天瑜、何晓明、周积明：《中华文化史》，上海人民出版社2010年版，第7页。

生态、社会生态相对应的文化构成。区别于以往研究中所指的关于某一种群或族群的文化生态,或某一历史阶段特定区域特定风格的文化生态。本章旨在探索和倡导尊重关于文化发展的整体性、关联性、多样性、活跃性、协调性、持续性等内在规律。当代中原文化生态作为一种系统存在,在很大程度上影响或决定着中原经济区经济社会文化的发展模式和价值观念体系。

(二) 当代中原文化生态的内涵结构

文化的外部生存环境。文化的外部生存环境包括自然环境和社会环境,即文化生存和发展所依赖的由社会经济政治等构成的外部环境因素。经济社会发展与文化发展的相互关系,属于文化整体存在和发展的外部生存状态,是文化生态研究的重要内涵之一。由于中原经济区文化生态的区域和所处时代以及发展阶段定位都非常明确,其自然地理条件和社会制度背景等均属于既定前提,故本章的主要指向在于探讨文化发展与经济社会发展之间的相互协调、良性互动、相辅相成的规律。至少包括两个方面:一是经济社会发展是文化发展的物质前提,必须以经济发展优势支持文化发展;二是文化反映并影响经济社会发展,为经济社会发展提供智力支持和精神动力。

文化的外部生存环境既是以往文化研究成果较少涉及的盲点之一,也是用常规研究方法无法准确表达的研究难点之一,又是当前迫切需要加强的研究领域之一。对文化强国和文化强区的重要性似乎已经达成广泛共识,但对当前文化发展相对滞后于经济社会发展的认识、失衡程度以及对经济社会持续发展可能导致的潜在严重影响却是多数人不曾关注和了解的。

主要文化圈层之间的合理结构与发展状态。即在文化生态体系中各文化类别之间的和谐共存、优势互补和融合协调的状态。其合理结构既包括文化圈层的丰富多样,也包括各自均有合理的发展空间,还包括文化圈层之间形成的相互支撑、相互补充、和谐共生、良性持续的整体态势。

笔者认为，文化圈层是用来表述当今我国社会不同文化类型的一个概念。其内涵既体现一定文化类型的性质定位，又表达其表现形态和影响范围。在当今中国，主要文化圈层有主流文化圈层、大众文化圈层、传统文化圈层、精英文化圈层、外来文化圈层等。诚然，不同文化圈层在现实社会中不是相互分割、孤立存在，而往往呈现部分重合和相互交融的状态。结合当前中原文化的区域实际，本章重点围绕主流文化、大众文化和传统文化展开。重点关注主流文化在现实文化生活中的实际主导地位和影响力；大众文化中公益文化供给和消费文化增长的比例，尤其是城乡文化发展的不平衡；传统文化方面则主要探索如何将其资源优势转化为开发和传播优势。

主要文化圈层的存在形态和发展趋势。即不同文化圈层各自的历史沿革、发展轨迹、存在态势、发展规律及趋势。不同文化圈层由于不同的历史由来和不同的阶段背景，其发展轨迹和态势在不同的历史阶段呈现出不同的面貌，也因此具有不同的发展走向和未来。

文化圈层的存在形态是过去文化研究中很少涉及的领域。笔者尝试用相对直观的概念来整合和归类不同文化圈层的表现形态。

本章依据中原文化生态实际涉及三个主要文化圈层，即主流文化、大众文化和传统文化。当前各自的存在形态和趋势均在不同社会因素影响下存在应然与实然的巨大差距，客观认识存在的差距，并达成共识，促进其功能相互补充并获得合理的发展空间是本章的预期。

良性文化圈层对消极文化元素的竞争态势和能力。即主流文化对文化污染的有效控制机制和控制能力。在文化多元的当今时代，文化圈层之间的相互交叉、相互融合乃至此消彼长的相互博弈是一个永恒的存在。如果多圈层共同形成的良性文化能够携手形成对外来或内生的消极腐败文化构成有效抵御或消解的合力，使有害文化的滋长和影响被限制在一个可控的范围内，将极大减少其对青少年和社会的危害。这种竞争态势和能力的养成要素及其掌控也是文化生态研究的重点、难点和当前社会应用价值之所在。

三、当代中原文化生态的基本构成与现状

（一）当代中原文化的外部生态环境现状

根基深厚的历史文化积累形成了相对优势的人文资源。中原传统文化资源极其丰富。中心区河南素有地上文物全国第二、地下文物全国第一的美称。"全省现已查明的各类有价值不可移动历史文物达 3 万余处，其中世界文化遗产 3 处（洛阳龙门石窟、安阳殷墟、登封天地之中建筑群），全国重点文物保护单位 189 处，省级文物保护单位 1047 处，市、县级文物保护单位 5518 处。全国八大古都，河南占四座：洛阳、开封、安阳、郑州。全省有国家历史文化名城 8 个，中国历史文化名镇（村）8 个，省级历史文化名城（镇、村）47 个。全省国有馆藏文物 1618398 件。在国家已确定的重点保护 100 处大遗址中，河南省占 16 处，总数目在全国处于领先地位。"[①]

内陆平原的区域特点为现代文化生成提供了有利条件。文化是社会物质生产发展的必然产物。中原经济区地处内陆平原，具有交通枢纽和信息集散地的巨大优势，由于位于华夏之中，在通南贯北、承东启西的信息交流过程中，中原文化在华夏文明发源地的深厚积淀基础上，可以借助优越的区位，广泛吸收南北东西文化之精华，具有现代文化形成发展得天独厚的优越条件。

内陆改革的相对滞后性导致了经济社会发展的滞后性。历史发展表明，任何一个区域文化发展的程度一定与其经济社会发展的程度相关联。由于 40 多年来，中国改革开放的格局是从东南沿海开始起航，地处内陆的中原地区社会改革和经济发展的步伐始终滞后于沿海地区，甚至错过了梯度发展的机会，后发于西部开发，其经济社会的快速发展集中体现在 21 世纪。

相对后发的经济社会发展阶段挤压了文化的发展空间，经济社会的发展

---

① 程梁：《河南省大遗址保护全国领先》，《河南日报》2012 年 1 月 18 日。

是文化发展的物质前提。相对滞后的经济社会发展阶段，使中原地区一直忙于经济发展指标的追赶，导致其文化发展理念、发展步伐和发展程度，都明显滞后于东南沿海和北京、上海等发达地区。同时，民众限于收入水平和消费观念约束，文化市场建构也相对滞后。

（二）当代中原主要文化圈层的存在形态现状

1.当前中原主流文化的存在形态现状

价值与制度形态。主要是指反映执政文化的价值体系建构状况。党的十八大提出了"三个倡导"的社会主义核心价值观。从中原经济区来说，是通过弘扬富有区域特色的焦裕禄精神、红旗渠精神等途径培育和践行社会主义核心价值观，当前亟须凝练本区域的核心价值观——中原人文精神。所谓主流文化的制度形态，主要是指体现和维护主流文化的社会制度，特别是根本的政治制度和经济制度。中原地处内陆，不存在明显的区域制度特殊性。

理论与文献形态。主要是指反映主流文化、弘扬主旋律的相关理论和出版文献。中原经济区建设是中国特色社会主义伟大实践的重要组成部分。就区域理论形态看，近年来根据国家发展战略定位和河南经济社会发展长远规划，河南先后提出了中原崛起、中原经济区建设等重大战略思想，为实现河南振兴、中部崛起提供了思想指导和理论支撑，并通过电视、广播、报刊等载体逐步得到展现。其中，河南电视台15个电视频道中有10个频道、河南人民广播电台10套专业广播中有7套广播都设有体现主流理论的栏目，《中原焦点》《政府在线》等栏目则是展示中原经济区主流文化理论魅力的精品栏目，每天播出时长均在2个小时以上，多次荣获"中国新闻奖新闻名专栏奖""中国广播电视十佳新闻栏目奖"。从文献形态看，近五年来全省每年图书、期刊出版总印数均在0.5亿册以上，报纸出版总印数在10亿份以上，其中有一半以上直接或间接地传播着主流文化思想。

媒体与舆论形态。主要是指弘扬主旋律的现代传播媒体及其所发挥的社会舆论作用。就媒体形态现状来说，"目前全省正式出版发行的报纸 121 种，其中省委和省辖市市委党报 20 种；期刊 242 种，其中社会科学期刊 79 种，高校学报 78 种。"①"广播电台 18 座，中、短波广播发射台和转播台 30 座；电视台 18 座，教育台 10 座。"② 各类网站总数近 13 万个，"其中比较有代表性的河南门户网站有大河网、商都网、中原网、河南文化网、河南省政府网等"。③ 就舆论形态现状来说，自 2012 年以来，以中原经济区为主题的社会主流舆论赢得了社会各界的好评，《河南日报》充分发挥平面媒体的政论优势，先后集中开展了"一文九论十八谈"大型系列政论文章宣传，在全省引起强烈反响，取得了良好的社会效果。为加快经济方式转变和建设中原经济区提供了强大的精神动力和舆论支持。

遗址与文物形态。主要是指以物化形态存在的红色文化遗迹与文物。主要包括反映不同时期人民群众革命和建设的重要历史遗址、历史文物。包括纪念馆、机关遗址、烈士陵园等，以及历史建筑、重要历史事件发生地、名人故居等。目前，"全省共有 805 处革命历史文化遗产，其中 655 处革命历史文化遗产被命名为县级以上文物保护单位，其中国家级 4 处，省级 59 处，市县级 592 处。306 处被命名为县级以上的爱国主义教育基地，其中国家级 7 处，省级 23 处，市县级 276 处。"④

文学与影视形态。主要是指反映主流文化、弘扬主旋律的文学与影视作品及其所产生的社会影响力。近年来，中原经济区不断加大对中原书风、中原戏剧家群、中原作家群的扶持力度，推动各种文体、题材、形式、手段创新，推出了一批思想性艺术性和观赏性相统一、人民群众喜闻乐见的文学精

---

① 河南省统计局、国家统计局河南调查总队：《2012 年河南省国民经济和社会发展统计公报》，《河南日报》2013 年 3 月 1 日。

② 卫绍生：《河南文化发展报告》，社会科学文献出版社 2013 年版，第 59 页。

③ 卫绍生：《河南文化发展报告》，社会科学文献出版社 2013 年版，第 114 页。

④ 申志诚等：《河南红色旅游》，河南大学出版社 2006 年版，第 1 页。

品和影视佳作，为传播中原优秀文化、展示中原崛起新形象发挥了重要作用。近年来，河南电视台策划实施了大型时评栏目"十八谈·映象版"和"新九论·映象版"、中原经济区论坛等；围绕原创河南题材和顶级编剧创作，河南努力打造影视精品佳作，推出电影《铡刀下的红梅》和电视剧《湖光山色》等影视剧，均荣获中宣部"五个一工程"奖。

2. 当前中原大众文化的存在形态现状

媒体舆论与娱乐节目形态。所谓媒体舆论，主要是指传播大众文化资讯、引导舆论走向的媒介平台及其所产生的社会影响。据统计，"截至2011年底，作为中原经济区主体的河南省共有电视台18座、公共节目166套，广播电台18座、公共广播电视节目151套。"① 同时大河网、商都网、中原网、大豫网等本土网站和手机报等新媒体都取得重要进展。这在很大程度上规定着人们文化消费的内容，影响着大众文化的方向和品位。调查显示，电视和网络是满足群众文化娱乐需求的主要媒介，城镇居民更青睐网络，农村居民则受电视影响更大，报纸杂志在城镇的影响力大于农村，广播作为传统传播媒介，受众群体相对较小。所谓娱乐节目形态，是指反映大众传媒的娱乐功能，满足群众休闲娱乐需求的节目形态及其影响力。鉴于电视机在中原经济区广大城乡高达97.77%的电视综合人口覆盖率，电视娱乐节目在大众文化消费中占据重要位置。近年来，电视节目频频掀起娱乐风，收视率高，反响强烈。河南电视台的《梨园春》《武林风》《华豫之门》《你最有才》等节目收视率较高。调查显示，近四成群众表示经常看热播的娱乐节目满足消遣需要。

作品产品与休闲场所形态。所谓作品产品形态，主要指反映大众文化的影视、音乐、戏剧、舞蹈、美术、文学等文艺表现形态。近年来，戏剧《苏武牧羊》、歌曲《家的牵挂》、广播剧《农民工司令》和文艺类图书《焦裕

---

① 卫绍生：《河南文化发展报告》，社会科学文献出版社2013年版，第59页。

禄》等一批精品佳作受到民众青睐;电影《中原女警》《清风亭》获第十四届中国电影华表奖;戏剧《朱安女士》《红旗渠》《大红灯笼》获第四届中国戏剧奖·曹禺剧本奖;《乡土童年红旗渠》《少林海宝》《俺的铁蛋俺的娃》《太极魂》等一大批动漫影视作品陆续推出;"拜祖大典文化活动周"等成为全省艺术品牌。各地市还产生了"周口一元剧场""邓州文化茶馆""周末公益小舞台""洛阳市民狂欢月"等广场文化活动品牌①。但横向看,当前还存在精品少、创新少、品牌影响力低等问题。所谓休闲场所形态,主要指供人们日常娱乐消遣、怡情增智的文化场所及其功能,如图书馆、文化馆、文化大院、文化广场、影剧院、旅游地等。近年来,各地不断加大公共文化基础设施的建设力度,"河南全省有 119 个公共博物馆(纪念馆)、142 个公共图书馆、202 个文化馆、2264 个乡镇(街道)综合文化站实现免费开放,为群众娱乐休闲提供了好去处。"②但调查显示,在城市的扩张过程中,很多新的文化场馆建到了新区,由于交通不便,当前利用率偏低。

民俗民风与礼仪行为形态。所谓民俗民风与礼仪行为形态,主要指中原经济区范围内世代相传的民间生活风俗、节日习俗、人生礼仪和民间信仰等。作为中华民族摇篮,中原地区民俗文化源远流长,既包括衣、食、住、行等方面的生活习俗,春节、元宵等节日习俗,生育、婚丧等人生礼俗,也包括作息起居、生产劳动、工商贸易、民间节会、民间工艺等习俗风尚。诸如小年祭灶、岁末守岁、过年吃饺子、拜年、元宵节点灯盏、清明祭祖、端午插艾叶、七夕观星、中秋赏月、重阳登高等节日习俗代代相沿,影响深远。近年来,随着城乡一体化进程的推进,群众的礼仪行为方式呈现出新特点:一是传统民俗在与现代理念的触碰中发展变通。如对过年放鞭炮,虽然认可度较高,但多数人也认为会对周围环境、生活安全存在负面影响,主张

---

① 卫绍生:《河南文化发展报告》,社会科学文献出版社 2013 年版,第 10—11 页。
② 卫绍生:《河南文化发展报告》,社会科学文献出版社 2013 年版,第 163—166 页。

有所节制。关于清明祭祀方式，鲜花、植树、网络等文明祭奠方式得以推广，体现了现代祭奠方式的转型。二是精神消遣与婚丧习俗喜忧参半。据调查，农村和城镇居民均部分存在打牌、打麻将、烧香拜佛、喜丧事大操大办，盲目讲排场等陋习。多数人认为影视明星现象是"有利有弊"，体现了对多元文化的理性认识。三是公共场所文明行为蔚然成风。调查显示，对外出时用剩的果皮纸屑，大部分人不会随便丢弃。在公交车上，如遇老人、孕妇等乘客，大部分人表示会"主动让座"。这说明，多数民众都有维护公共卫生、保护环境、尊老爱幼、文明礼让的意识。

服饰饮食与流行风尚形态。所谓服饰饮食与流行风尚形态，主要指体现潮流时尚的服饰、餐饮、品牌、人物、生活方式等。随着时代的发展和人们生活水平的不断提升，时尚成为越来越多人的生活追求。其呈现特点为：一是手机成为时尚休闲娱乐方式首选。调查显示，人们常用手机听音乐、通讯联络和聊天。玩手机成为一种时尚的生活方式。二是对时尚西式餐饮态度保留。随着改革开放的深入，西方餐饮装修独特、环境幽雅、菜品别致等特点，使其成为时尚人士的消费追求，但在餐饮选择上群众更习惯于传统饮食。三是宽容时尚服饰但选择慎重。调研显示，对奇装异服、时髦发饰等现象，喜欢和容忍的占大多数，厌恶的仅占五分之一，说明时尚文化正在潜移默化地改变着人们对服饰选择的认知。四是对时尚名牌见仁见智。调查显示，城乡居民中认为品牌是"追求时尚，彰显个性"和"较高生活质量的标志和幸福生活的象征"的占绝大多数。

3. 当前中原传统文化的存在形态现状

历史文献典籍保存。历史文献典籍是民族精神和文化成果的重要载体。新中国成立后，河南先后编印了《河南省图书馆中文古籍书目（史部、子部、集部)》《河南省市县图书馆古籍善本联合目录》《河南省图书馆古籍善本书目》等数种书目。20世纪八九十年代，河南省图书馆逐步完善了保护的设施，并对全省文献典籍进行了普查登记，对部分古籍善本进行了编目和修复。但总体看，还存在一些令人担忧的问题。调查显示，绝大多数人认为文物古籍是"重要的文化遗产，应该尽力保护"，但保护的现实堪忧。"据报道，河南图书馆馆藏的 50 万册古籍超过半数存在不同程度的损坏。"[①] 现有古籍书库条件设施简陋，没有恒温恒湿和杀虫设施，不能有效地防光、防尘、防有害气体等。

历史文物遗址保存。河南文物遗址极为丰富。"据第三次全国文物普查数据，全省共有古遗址 14607 处、古墓葬 10226 处、古建筑 23921 处、石窟石刻 693 处、近现代重要史迹及代表性建筑 16059 处。全省不可移动文物共计 65519 处，其中世界文化遗产 3 处，全国重点文物保护单位 189 处 198 项，5 处国家考古遗址公园，17 个国家历史文化名城（镇、村）；省级文物保护单位 1047 处，市县级文物保护单位 6000 余处。"[②] 二里头遗址、偃师商城遗址、汉魏洛阳故城等都得到了有效的保护。国家文物博物馆"十二五"规划已将郑州与西安、洛阳、荆州、成都、曲阜确立为国家重点支持的六个大遗址片区。"郑州商城、郑韩故城、大河村、宋陵、古城寨、王城岗六处大遗址被列入国家重点保护的 150 处大遗址榜单。"[③] 与此同时，随着经济建设步伐的加快，文物保护与现代工农业发展和城市建设的矛盾日益突出。特别是在城市建设和新农村改造中，文物遗址存在程度不同的被破坏现象。

传统人文精神传承。传统人文精神的内容非常广泛，它包括以人为本、天人合一、自然精神、圆融会通等多种思想。当今很多西方思想家都认为，21 世纪人类应该从东方智慧中汲取营养。但由于复杂的历史和现实原因，当代民众对传统文化的认知尚待提升。调查显示，认为传统文化应该继承发扬的占 55%，而能区分儒、释、道三大思想有 22%。尽管多年来中原大地上涌现了一批又一批见义勇为、无私奉献的英模群体和道德模范，但总体来看中原传统人文精神中固有的勤劳善良、敦厚朴实、诚实守信、吃苦耐劳、

---

① 余嘉熙、胡芷滔：《河南省图书馆超半数古籍损坏》，《工人日报》2012 年 6 月 23 日。
② 卫绍生：《河南文化发展报告》，社会科学文献出版社 2013 年版，第 51 页。
③ 李颖：《郑州大遗址保护全面提速》，《河南日报》2011 年 12 月 6 日。

崇尚正义、不甘落后等优良传统在外来文化的冲击下不断被淡化，中原人外在的整体形象遭遇挑战，所以，必须以社会主义核心价值为依据，尽快凝练并推出富有中原文化特色和时代内涵的中原人文精神，让传统人文精神在时代的土壤中生根发芽，代代传承，为中原经济区建设提供精神动力。

非物质文化遗产传承。中原地区的非物质文化遗产异常丰富。近年来，随着联合国及中国政府对非遗保护的倡导和扶持，河南已建立了国家、省、市、县四级保护名录体系。"河南列入国家级非物质文化遗产名录的有 73 项、省级名录 372 项、市级名录 1587 项、县级名录 6728 项。"① 对于列入名录的项目，各级政府也都采取了一定的措施进行保护。各传承单位和传承人亦积极开展保护和传承工作。河南省艺术研究院先后出版了《口述三团》《豫剧艺术总汇》等，搜集、整理、保存了一个多世纪以来民间艺术的珍贵文献，包括数千册明清以来的手抄戏曲剧本、民间音乐、民间舞蹈、曲艺、戏曲原始录像录音带等。一些艺人不断探索新的传承方法和模式。"调查表明，同时也还存在项目数量急剧减少、传承团体运作困难、传承人青黄不接、传统技艺大量失传等现象。诸如戏曲，河南曾流行过的剧种有 80 多个，而至今尚存的仅 30 多个。"②

（三）当代中原主要文化圈层社会定位现状

1. 当前主流文化的社会定位现状

关于主流文化的主导地位。当代中国主流文化，即中国特色的社会主义先进文化，主要是指以党的指导思想为核心的国家主导意识形态，是以社会主义核心价值体系为本质反映的文化形态，在社会文化体系中始终居于主导地位。促进民众对主流文化的积极认同，并通过思想和理论创新，赋予非主

---

① 卫绍生：《河南文化发展报告》，社会科学文献出版社 2013 年版，第 51 页。
② 唐雪薇：《河南稀有剧种今起大汇演》，《北京娱乐信报》2004 年 10 月 30 日。

流文化以恰当的内涵和社会定位，不断引导、规范和保障其有序发展是主流文化生态不断优化的必然趋势。就民众对主流文化主导性的认识来看，绝大多数受访者对以马列主义、毛泽东思想、邓小平理论、"三个代表"重要思想、科学发展观、习近平新时代中国特色社会主义思想的指导地位及其作用总体上比较了解和赞同，反映中原经济区主流文化的社会生态处于合理范围，但有待于进一步优化。

关于主流文化与大众和传统文化的融合。从内容来说，主流文化在长期的多元文化的竞争中，科学融合了以爱国主义为核心的民族精神、以诚实守信为代表的民族道德等传统文化精华；从形式和手段来说，也充分吸收和借鉴了民间文化生动通俗的表现形式、现代先进的传媒传播手段等大众文化精华，尤其融合吸收了改革开放以来效率观念、合作意识、竞争意识、创新意识、民主意识、法制意识等新元素。就民众的现实感受而言，分别有30%和33%的人认为中国化马克思主义等理论成果，已经"广泛吸收了中华民族优秀传统文化"，"有机吸取了当代大众文化中的科学元素"；30%的人认为"仍有待于进一步与时俱进，融合当代非主流文化"，表明主流文化仍需要进一步兼容其他非主流文化；47%和40%的人认为，"八荣八耻"荣辱观的主要内容与传统文化中的仁爱、节俭、诚信、谦和等思想之间"有密切联系"或"有一定关系"。①

关于主流文化对其他文化的引领与整合。多元文化是当代中国多元政治经济的集中体现，也是千姿百态社会客观存在的反映。作为上层建筑的重要组成部分，主流文化本身具有强大的引领和整合功能，既能够为其他文化的发展指明前进的正确方向，明确其社会责任，也能够积极引导和规范多元文化，有效包容和吸纳非主流文化先进成果，推动各种非主流文化之间相互

---

① 此处调研数据均为作者主持的河南省重大项目课题组 2013 年 1—6 月的调研结果。以下如无特别说明，均属此类调研数据。

借鉴，良性竞争，健康发展。就民众对主流文化社会功能的发挥来看，有55％的人认为央视 2012 年感动中国人物的精神"非常值得学习，代表和反映了中华民族的精神追求和价值取向"；66％的人认为当代中国"多元应有一元引领"；分别有 56％和 34％的人认为，主流文化思想引领多元文化发展，就必须"与时俱进，不断创新"，"开放融合，具有强大的兼容能力"。

2.当前大众文化的社会定位现状

关于大众文化生成的体制机制状况。加快推进文化体制改革，建立科学合理的体制机制，是推动中原经济区文化建设健康发展的制度保障。根据中央推进文化体制改革的时间表和路线图，中原经济区相关工作稳步推进。各级政府通过新建剧场、购买服务等方式，加大对国有文艺院团改革的支持力度，"截至 2012 年底，河南省 188 家国有文艺院团已全部完成改革任务，第一批 39 家非时政类报刊和大河网完成转企改制。"① 与此同时，文化管理、投融资、服务供给、人才保障的体制机制等不断完善。但总体看还存在一些亟待解决的相关问题。

第一，文化管理体制有待进一步完善。受计划经济体制影响，文化管理部门依然存在职能交叉、责权不明现象。因此，进一步推进政企分开、政事分开和管办分离，推进政府从"办"文化向"管"文化转变，由直接管理向间接管理转变，由微观管理向宏观管理转变，通过服务、咨询、监督、调控等方式，建立责权明确、制度完善、机制灵活、管理规范的服务体系。

第二，投融资机制有待进一步多元化。当前中原经济区文化投入总体水平偏低，保障机制不够健全。"2011 年全省人均文化事业费为 29.14 元，还不足全国平均水平的一半，在全国 31 个省、市、自治区排序中，居倒数位次。"② 文化建设资金严重不足，源于投融资渠道的单一和不畅。当前仍然

---

① 卫绍生：《河南文化发展报告》，社会科学文献出版社 2013 年版，第 9 页。
② 卫绍生：《河南文化发展报告》，社会科学文献出版社 2013 年版，第 5—6 页。

是以政府投融资为主体，政策投融资为补充，市场投融资为辅助。政府财力有限，市场投融资作用发挥局限，以及专项基金、税收优惠政策、金融信贷支持不到位等因素，导致投入严重不足。因此，必须积极推动投融资的多元化，除进一步扩充政府主导的投资基金和产业发展专项资金外，还要通过财税杠杆、信贷支持等，引导鼓励民间资本、金融资本等进入文化领域，逐步形成政府主导、政策鼓励、市场调节、多方参与的多元投融资体制。

第三，文化服务的供给机制有待多样化。近年来，政府注重公共文化服务体系建设，积极推进文化民生工程，公共文化服务设施逐步完善，"三馆一站"免费开放，"欢乐中原""送欢乐下基层""舞台艺术送农民""先进文化进基层"等公益文化活动实现常态化，"周口一元剧场""邓州文化茶馆""周末公益小舞台"等广场文化活动反响强烈。但尚存在文化下乡但未留乡、群众和文艺工作者自主参与度不高、文化服务供给范围时空局限性大等问题。因此，一方面要借鉴"周口一元剧场"等的运作模式，充分调动群众和文艺工作者的创造性，推动文化服务供给主体的多样化，坚持政府主导、全社会参与、群众共建共享；另一方面要积极借助现代科技手段整合文化服务资源，打破时间与空间限制，扩大公共文化服务的供给范围。

第四，文化人才培养和管理机制有待完善。当前河南省文化人才队伍总量偏少，且分布和结构不尽合理，领军人物、高端人才、新兴文化业态人才、农村文化人才和文化管理人才严重匮乏。调查显示，近八成的乡村文化站没有专职工作人员，兼职人员的专业水平和精力不足，严重制约了基层文化场馆的服务质量和利用效率。因此，一要通过实施"农村文化艺术人才培育工程"，加强基层文化人才队伍建设；二要着力培养文化领军人物和专业人才，努力发掘和培育民间艺人、文化能人；三要依托高等院校和科研院所，大力培养掌握现代传媒技术的专门人才和懂经营善管理的复合型人才；

四要依托重点文化工程和文化产业项目，引进各类高层次文化人才，打造文化领域的人才交流合作平台。

关于大众文化产品提供和丰富状况。文化消费是指人们根据自己的主观意愿，选择文化产品和服务来满足精神需要的消费活动。随着经济社会的快速发展和群众生活水平的不断提高，人们的精神文化需求日益旺盛。广播影视、书报出版是提供文化产品的主要载体，各类文化设施和文化活动是展示文化产品的重要平台。

据统计，"作为中原经济区主体省份的河南，全省共有公共广播节目151套，公共电视节目166套，广播人口覆盖率达到97.70%，电视人口覆盖率达到97.77%，手机电视用户突破80万，用户规模居全国第六；2011年全年出版各类图书5557种、报纸122种、音像及电子出版物394种；全省119个公共博物馆（纪念馆）、142个公共图书馆、202个文化馆、2264个乡镇（街道）综合文化站零门槛免费向公众开放。"[①]"每年组织县以下规模的文艺活动2400多场，文化下乡活动3000多场，群众文化活动30000多场。"[②] 这些载体和平台创造并提供了种类齐全、数量可观的大众文化产品，丰富了群众文化消费的选择。调查显示，中原经济区大众文化消费呈现以下特点：

第一，文化消费支出偏低，制约文化产品选择。根据《2011年河南省国民经济和社会发展统计公报》数据，"2011年河南省城镇居民人均消费支出12336.47元；农村居民人均生活消费支出4319.95元。"[③] 尤其"从2000年到2011年，全省农村人均收入从2726元增加到8725元，增长幅度为2.2倍；同期全省农民人均文化消费支出从2000年到2011年仅仅从133.1元增加到

---

① 卫绍生：《河南文化发展报告》，社会科学文献出版社2013年版，第200页。

② 卫绍生：《河南文化发展报告》，社会科学文献出版社2013年版，第39—40页。

③ 河南省统计局、国家统计局河南调查总队：《2012年河南省国民经济和社会发展统计公报》，《河南日报》2012年3月20日。

278.2 元，增长幅度为 1.09 倍。"^① 当前电影票、图书、旅游景区、球类馆等门票价格动辄数十元上百元，严重制约人们对高品质文化产品的消费。要改变这种状况，既需要转变文化消费观念，更需要努力降低成本，提供价格合理、丰富多样的文化服务。

第二，文化消费层次不高，亟待培育消费热点。调查显示，中原民众业余时间大都选择看电视、上网、读书看报等休闲娱乐项目，这些文化项目和产品简便易行且花费较少，但文化消费的层次不高，缺乏创意和消费热点，难以激发民间的消费潜力和消费欲望。这客观上要求创新文化产品和服务，提高文化产品的核心竞争力，开发特色文化消费，培育新的文化消费热点。

第三，居民文化消费满意度走高但尚有期待。调查显示，无论城镇还是乡村，对文化生活基本满意的居民都占到半数以上。但表示"很满意"的仅一成多，说明文化产品不仅要有量的满足，更要有质的提升，才能不断满足群众对文化产品不断增长的新要求和新期待。

关于公共文化资源配置状况。党的十八大报告提出要"加快完善城乡发展一体化体制机制，着力在城乡规划、基础设施、公共服务等方面推进一体化"。近年来，河南不断加大城乡公共文化服务体系的建设力度，"至2012 年底，基本实现县有图书馆、文化馆，乡（镇）有综合文化站的建设目标，文化大院、文化中心、农村书屋在全省 5 万个行政村基本实现全覆盖，省、市、县、乡、村五级公共文化基础设施体系初步建立。同时，全省基本实现文化信息资源共享工程全覆盖，158 个县（市、区）都按标准建成了文化信息资源共享工程支中心，4.7 万个行政村建成了共享工程村级服务点。"^② 不仅满足了群众的基本文化需求，也使长期以来城乡公共

---

① 王桂兰、信民乐：《河南省农村公共文化服务体系建设论略》，《河南师范大学学报》（哲学社会科学版）2013 年第 3 期。

② 卫绍生：《河南文化发展报告》，社会科学文献出版社 2013 年版，第 50 页。

服务供给失衡的状况得到明显改善。但由于城乡二元结构没有根本消除，农村公共文化设施基础仍比较薄弱。调查显示，有七成多的被调查者认为当前村里文化设施"很少"甚至"没有"；农村居民认为所在村"办园条件很好，能满足需求"的仅有 22%，认为村小学"硬件设施和师资力量都很好"的仅有 11%；城镇居民中表示"经常去"文化馆、博物馆、图书馆、美术馆、科技馆、体育馆的仅有 6.71%；认为城镇社区公共文化建设能满足居民休闲需求的不足三成，六成以上的居民表示"从来没去过"社区文化活动中心。

3. 当代中原传统文化的社会定位现状

关于对传统文化精神的了解与认同。中国传统文化精神的内容非常丰富，包括自强不息、厚德载物、中庸和谐与天人合一等重要思想。"自强不息"与"厚德载物"作为中国人生存与奋斗的基本精神，长期以来深深地嵌入国人思想深处。"中庸""和谐"思想，对国人品格形成、处世态度、文艺风格等都产生了深刻的影响。"中"已成为中原文化的象征。"中原人文精神之'中'，更体现在它对异质文化的巨大包容性和改造功能，即它的海纳百川、兼容并蓄的包容精神。""天人合一"作为儒道两家都极力推崇的思想，为人与自然的和谐相处指明了方向。关于当今人们对传统文化的态度，调查表明，有 95% 的人对传统文化是认同的，80% 以上的人对儒、佛、道及"四大名著"是了解的。对于中国传统文化的核心，即儒、释、道的思想精神比较熟悉的占 22%，读过"四大名著"的占 21%。有 39% 的人认为"传统文化有糟粕也有精华，我们接受时要有所扬弃"。

关于对传统文化资源的保护与传承。河南对物质文化遗产保护一直比较重视，不少重要文物列入了保护名录以及世界和国家级的重要文化遗产，如洛阳龙门石窟、安阳殷墟、登封天地之中等。"2005 年以来，财政部、国家文物局支持河南专项经费 2.6485 亿元，投入大遗址保护，重点是二里头遗址、偃师商城遗址等 14 处大遗址。河南省'十一五'以来累计拨付文物保护专项经费近 30 亿元，仅 2012 年就达 7 亿多元。"①2006 年以来，"国家和地方先后公布了多批非遗名录。2011 年《非物质文化遗产法》的公布和实施，进一步促进了非遗保护。"②已列入国家级的非物质文化遗产大部分都得到了相应的保护资金。尽管多数人认为非物质文化遗产应该得到保护，但"非常愿意""出钱出力"的只占 23%。

关于对传统文化资源的创新与开发。近年来，河南省对文化资源的创新开发非常重视。2005 年始，河南省政府颁布了《关于大力发展文化产业的意见》《建设文化强省规划纲要（2005—2020 年）》等一系列文件。河南文化产业 2003 年起步，2005 年文化产业增加值首次超过百亿，跻身于全国前9 位。2006 年，"河南的文化盛事如新郑祭祖大典、安阳殷墟文化节等，影响力日益扩大，全省文化产业增加值为 395.04 亿元，2007 年为 488.98 亿元，连续两年增长超过 17%，高于全省 GDP 的增幅。"③文化产业的发展与传统文化资源开发直接相关。近年来，以非遗为主题的出版业快速发展。《中国木版年画集成·朱仙镇卷》《中国剪纸全集·豫西卷》《中国民间泥彩塑》（浚县、淮阳分卷）等在业界产生较大影响。新郑祭祖大典、淮阳人祖庙会等也不断凸显经济效益。太极拳、少林功夫的市场化是最成功的范例。如今登封已形成以武术为龙头，武术培训市场、武术产品市场、武术旅游市场和武术文化演艺市场四大部分组成的产业化格局。仅登封市武校常年在校的 5 万学生，就能带来约 3.5 亿元的效益。此外，武术相关用品、武术旅游等也都收入不菲。诚然，也还存在思想滞后、相关政策不到位、开发环境有待优化；本土人才缺乏、创新能力弱；产品质量不高、缺乏竞争力；规模偏小、结构不合理等问题。

---

① 《张广智副省长在全省文物工作会议上的讲话》（2013-01-08），http://www.haww.gov.cn/wbzt/2013-01/30/content_134514.htm。

② 卫绍生：《河南文化发展报告》，社会科学文献出版社 2013 年版，第 51 页。

③ 陈茁：《大步走向文化强省》，《河南日报》2008 年 12 月 18 日。

四、当代中原文化生态优化的思考与建议

（一）当代中原主要文化圈层内部环境的活跃与和谐

一般来说，任何区域内各个主要文化圈层之间的关系既不是完全对等的，也不是可以相互取代的，就中原经济区而言，主流文化的主导地位是不容否认和弱化的。大众文化的主体地位同样是不可忽视和动摇的。而传统文化资源的优势，则是我们区别于其他区域的重要文化特色。因此，要保持区域内主要文化圈层内部生态的活跃与和谐，必须进一步巩固主流文化的主导地位，确保大众文化的主体地位，努力凸显传统文化的特色地位。

以本质和认同的力量巩固主流文化的主导地位。先进性、科学性、代表性是主流文化的本质特性，也是主流文化优越于其他文化圈层的内在属性。中原经济区主流文化的主导地位，不仅决定着经济社会发展的方向，更发挥着动员、组织和凝聚中原儿女的精神旗帜职能，同时也是优化中原文化生态的主导力量。尤其它所呈现和发挥的是引导整个社会文化积极向上的正能量，是包容和促进其他文化圈层健康发展的支撑和保障力量。主流文化主导地位的实现和保持，除了属于执政文化的组织权威之外，更重要的是要以自己的思想性权威和真理性权威，获得广大民众广泛认同。当前，促进中原区域主流文化的民众认同，亟须通过凝练中原人文精神、融合中原传统文化元素、体现中原时代精神、搭建民众认同主流文化的区域性平台与融入现实生活的桥梁。

以供给和需求的互动实现大众文化的主体地位。作为一种以工业技术批量生产为制作手段，以大众媒体为传播媒介，以商业化、模式化、时尚化为表现风格的文化形态，大众文化的首要功能是满足大众的文化消费需要。在市场与需求的互动中实现大众文化的主体地位，推动大众文化的发展繁荣，对于中原经济区建设有着显著的拉动作用。首先，大众文化产品要以群众不断增长的精神文化需求为导向。伴随着20世纪90年代我国大规模的城镇化

浪潮，以电影、电视、戏剧、歌舞、书籍、报刊、文艺演出、流行服饰、时尚餐饮等为主要内容的大众文化产品和文化活动逐渐从城市向乡村扩散。大众文化的生命力来源，始终与民众不断增长的文化消费欲望及其满足程度息息相关。调研显示，人们日常文化消费满足的需求首先是"娱乐消遣，放松心情"，其次是"增长知识，提高修养"。其次，大众文化的发展要遵循市场配置资源的基本规律。大众文化是一种具有鲜明商业消费取向的文化形态，文化消费市场是大众文化发展的指挥棒。在大众文化的发展中遵循市场在配置资源中的决定性作用，不仅能够充分利用供求、价格和竞争等及时、灵敏地实现资源的优化配置，避免重复投入和资源浪费，而且能够在市场的激励作用下不断丰富文化内容、创新产品形式、深化产业发展、拓宽受众群体、提升体验效果。最后，要对大众文化市场及民众文化消费给予适当引导。调研显示，41%的城镇居民对当前的社会文化持保留态度。农村居民中表示"不喜欢"或"不太喜欢"的明显多于"喜欢"的。认为当前的大众文化"具有浓重时代信息，突出时尚与个性"，"内容丰富，主流积极向上"，但也有"商业性强，炒作痕迹明显"，"片面强调感官刺激和娱乐功能，缺乏人文价值和精神高度"等消极印象。鉴于大众文化呈现的两面性及市场在配置大众文化资源方面存在的自发性，政府要对大众文化市场及民众的大众文化消费给予适当的规范和引导，确保其在市场机制和政府宏观调控的共同作用下良性发展。

以创新和开发的智慧凸显传统文化的特色地位。文化发展实践证明，传统文化的生命力在于与时俱进，必须以传承促进创新，以创新实现传承。如前所述，中原传统文化资源异常丰富，为在当代的传承和创新提供了得天独厚的优势条件。关于传承创新的理念和措施，首先应当制定站位高远并符合区域实际的整体战略和规划方案，以资源分布、已有人才和基础优势确定相关的构架格局；然后确定分期分批展开的重大项目。对项目的选择和定位必须经过充分深入的科学论证，尤其是要研究传统文化资源中便于与时代衔接的元素，通过创新展示方式、创新寓意内涵、创新语言风格、创新平台载体等方式，将对传统文化的精神实质的传承和表现形式的传承有机结合，让传统文化的优秀精华活在当下，为增强中原人文精神和民族文化认同、增强区域文化软实力发挥更大的作用。

科学合理的保护和开发是传承传统文化的重要途径。保护是传承和开发的基础，开发是保护和传承的手段。应以科学的理念、长远的眼光做好文化资源的保护工作，以较高的起点定位其开发规划，尤其是要经过充分论证确定开发的基本格局以及分期分批推进重大和重点开发项目，将中原的传统文化资源优势逐步转变为文化品牌优势、文化产业优势、文化软实力优势和社会人文特色优势。

（二）当代中原主要文化圈层之间的协调与互补

主流文化对大众文化与传统文化的引领与兼容。从引领的视角来看，主流文化应当充分发挥其在文化体系中的主导地位和舆论宣传导向的主渠道作用，规范和引导大众文化和传统文化在保持自身优势的同时找到与主流文化的契合点，使其逐步明确和增强自身的历史使命感和人文责任感，根本改变有时一味媚俗、过于追求眼球效应的做法，始终坚持以科学的理论武装人，以正确的舆论引导人，以高尚的精神塑造人，以优秀的作品鼓舞人，实现从数量型扩张向质量型提升转变。从兼容的视角来看，主流文化应当主动改变以往融入大众文化不够、不能很好与传统文化对接的现象，善于借鉴大众文化传播的成功经验，有效汲取传统文化精华，彰显其科学性先进性的魅力，引导大众不断提高文化追求的品味和践行社会主义核心价值观的自觉性。

大众文化对主流文化与传统文化的承载与融合。不同文化圈层之间并非孤立的关系，而是通过彼此之间的交流、融合、互补来满足全社会不同层次的文化需求。推动大众文化对主流文化与传统文化的承载与融合，使其各尽其能、各扬其长、优势互补、融合协调，是实现中原经济区不同文化圈层之间和谐共存、共同繁荣的必然要求。主流文化是以国家意识形态为内核建构、由政府推动的文化形式，是处于支配地位的文化形态。近年来，相较于大众文化如火如荼的发展势头，主流文化虽"居庙堂之高"却面临边缘化危险。要实现大众文化与主流文化的融合，既需要主流文化在价值观念和审美情趣上对大众文化进行合理引导，也需要主流文化在运作机制等方面充分借鉴大众文化的发展经验。调查显示，人们在"娱乐性书籍或电视节目与反映英模事迹书籍或电视节目"之间选择时，更多人倾向"娱乐文化"；对《建国大业》《建党伟业》等反映主流意识形态的电影热播的看法时，七成民众认为这是"主流文化借鉴大众文化形式产生的效果"，并提出"主流文化应加大改革创新力度，主动融入大众"。因此，主流文化必须正视思想领域的新变化，回应不同层次的文化诉求，找到与民众产生心灵共鸣的频率；改变训导的面孔，增强亲切性；在传播策略上紧跟时代，锐意创新，以多样化个性化的推广手段，增强内在的吸引力；既坚持弘扬主旋律，也充分重视市场在文化资源配置中的重要作用，增强在文化市场中的驾驭力和竞争力。

传统文化对主流文化与大众文化的支撑与补充。文化的多样化发展是文化繁荣的重要标志。不同文化圈层之间的相互协调、碰撞和补充促进了文化的共同发展。传统文化作为当代主流文化和大众文化的源头和基础，对当代主流文化和大众文化的发展具有重要的支撑和补充作用。主流文化不是凭空生成的，是马克思主义与中国实际相结合的产物。马克思主义中国化的过程实际也正是中国文化对之改造、吸收和融合的过程。儒家所主张的"中和"思想与今天"构建和谐社会"异曲同工。儒家、道家的"天人合一"思想，也为我们今天的生态文明建设提供了重要的思想资源。传统文化和主流文化的一脉相承是它们相互支撑和补充的内在要素。主流文化必须注重从传统文化中汲取营养，不断地充实和发展自己。大众文化是以工业社会的发展为背景，经技术革命特别是传播技术革命应运而生的，具有商品性、通俗性、流行性、娱乐性、依赖性等特点。中国的大众文化崛起于 20 世纪后半叶，伴随市场经济而迅速壮大，成为与主流文化、精英文化并驾齐驱、三足鼎立的社会主干性文化形态。大众文化的发展从根本上改变了中国文化的传统格局，积极影响着国民人格塑造和社会发展面貌。大众文化作为根植于民间的文化，它与传统文化之间有着千丝万缕的联系。当代大众文化虽然运用的是现代的传播方式，但作为民族文化实践，必须适应本土民众的审美意趣和接受心理，从传统文化中挖掘资源、激发灵感、吸收营养。

（三）当代中原文化与经济社会发展的协调与互动

以经济社会的基础优势大力支持文化发展。以河南为中心的中原经济区作为一个内陆后发的区域，当前的经济社会发展水平已经达到了一个新的高度，已经站在全国各省域的前列。尽管近年来河南省委省政府对文化发展的重视和支持程度在不断加强，但总的来说，文化发展的总体水平，尤其是文化产业在全国的排位还相对滞后，与经济社会的发展水平与位次不成正比，尤其是作为经济区建设主要功能之一的历史文明传承创新区建设进展不够明显，区域的历史文化资源优势尚未能转化成为产业优势和软实力优势。但当前阶段经济文化发展的良好态势，恰恰为文化发展奠定了坚实和良好的基础，所以充分认识文化建设对区域软实力提升的重要作用、充分调动社会各界参与文化建设的积极性、适当加大各级政府对文化建设的资金投入，是当前优化文化建设外部环境、进一步提升区域文化软实力的重要举措。

以精神和智力文化要素推进经济社会发展。经济社会和文化发展之间关系是相辅相成和相互支撑的。近年来，区域文化建设进展取得的成就，尤其是主流文化建设，即经济区建设上升为国家战略、"九论十八谈"等思想和舆论所发挥的凝聚人心的作用，极大地动员了全区人民积极参与中原崛起伟大事业的热情。郑州航空港等重大项目的有效实施，吸引和动员了一大批高层次人才投身经济区建设；公共文化事业的广泛开展，潜移默化地提升着广大劳动者的文化感知能力和幸福指数；传统文化要素的开发和传承，不断陶冶着全体人民的文明素质，不断优化着经济社会发展的社会人文环境，为经济社会发展插上翅膀。

合理配置公共文化资源充分满足社会需求。研究表明，公共文化资源的整体短缺和城乡配置不平衡，是当今中原经济区文化生态环境不太协调的重要因素。尤其在新型城镇化进程中，文化设施必须及时跟进，才能不断满足广大人民群众近期快速增长的文化需求。因此，将平衡文化资源配置纳入发展规划，理顺促进文化建设的体制机制，广泛动员多种力量参与文化建设是当前的重要任务。

第二节　河南经济社会发展与文化发展的关联性研究

2014 年河南省人均 GDP 突破 6000 美元，以世界银行的划分标准衡量，河南省的经济发展已经处于中等偏上收入国家（地区）的水平。在此背景下，河南省积极推进"使文化产业成为国民经济发展的重要支柱产业"，以增强全省文化实力及影响力，使河南省成为全国区域性文化中心。为促进上述目标的实现，笔者以河南与全国、北京、上海和广东为比较研究对象，具体分析它们在人均 GDP 已经超过 6000 美元后文化事业及产业的发展状况及对国民经济的影响，以期为河南省的文化发展提供经验借鉴。

选择北京、上海和广东作为比较对象的依据是，这些地区的文化产业已经成为支柱性产业，对国民经济贡献率高，文化产业对经济结构的优化及文化资源的经济和社会效益影响力强。河南省文化产业正处于初步发展阶段，在政府对文化事业投入力度以及文化产业对 GDP 的贡献率等方面与发达国家和我国的发达地区存在明显差距。本节用比较研究的方法，回顾过去，把握现在，展望未来，以人均 GDP 突破 6000 美元为区间起点，探索文化发展与国民经济之间的关系，进而探寻河南省从文化资源大省到文化产业大省的发展路径。

一、全国及京、沪、粤、豫四省市人均 GDP 突破 6000 美元后政府对文化事业投入比较

随着改革开放的不断深入，我国在文化事业上的投入明显加大。我国人均 GDP 在 2012 年突破 6000 美元，北京、上海和广东分别进入 6000 美元的时间为 2006 年、2005 年和 2010 年。通过分析它们在人均 GDP 6000 美元阶段之后的文化事业投入，进行比较研究，也可以为河南省文化事业发展给予经验借鉴。

（一）全国及北京、上海、广东、河南四省市文化事业费投入状况

从全国看，在人均 GDP 达到 6000 美元阶段后，文化事业费总量持续增长。2012 年文化事业费 480.10 亿元，占国家财政总支出的 0.38%。2011年为 392.62 亿元，2012 年比 2011 年增加 87.48 亿元，增长 22.28%；占国家财政总支出的 0.38%。2013 年全国文化事业费 530.49 亿元，比上年增加50.39 亿元，增长 10.50%；占国家财政总支出的 0.38%，2014 年全国文化事业费 583.44 亿元，比上年增加 52.95 亿元，增长 10.0%；占财政总支出的比重为 0.38%，三年来比重持平 [①]。（见图 1）

---

① 《中国文化文物统计年鉴（2014）》，国家图书馆出版社 2014 年版，第 16 页。

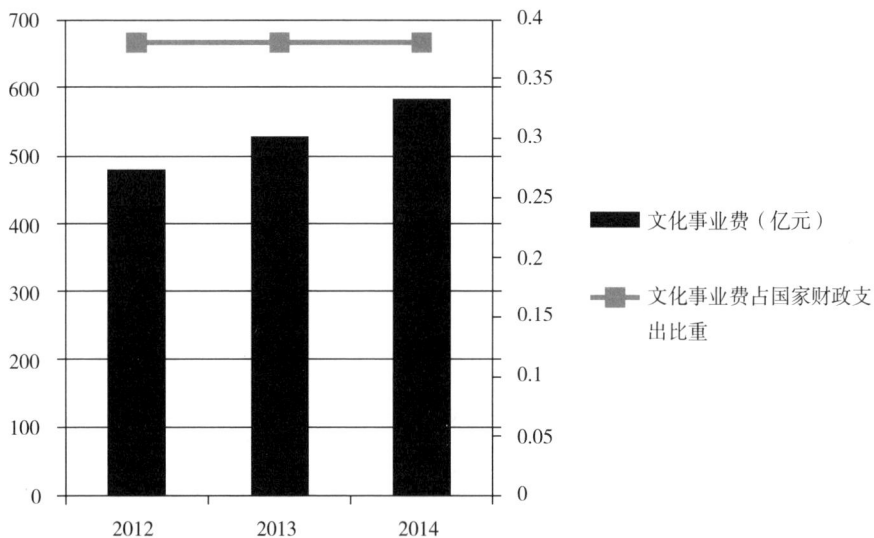

图1　全国人均GDP 6000美元以来，文化事业费投入（亿元）

数据来源：依据《中国文化文物统计年鉴（2014）》和相关数据整理计算。

　　分地域情况来看，北京2006年文化事业费投入6.38亿元①，2007年达到12.70亿元，2008年实现14.81亿元，总量投入持续增长，直到2013年投入24.46亿元，是2006年的3.83倍，文化事业费年均增长率21.16%。上海在2005年文化事业费投入为7.92亿元，到2013年达到29.45亿元，文化事业费年均增长率17.84%，虽然上海人均GDP突破6000美元的时间较北京早，但在文化事业费投入方面北京的发展势头更强劲。广东2010年文化事业费投入26.99亿元，2013年为41.96亿元，文化事业费年均增长率15.85%。根据河南省统计局发布的数据显示，2014年人均GDP达到6096美元，2011年和2012年分别为12.24亿元和15.04亿元，2013年达到16.14亿元，文化事业费年均增长率14.83%。从对应于将跨入6000美元时间较接

————————

　　① 《中国文化文物统计年鉴（2008）》，国家图书馆出版社2008年版，第24页。

近的 2009 年的广东来看，河南省的文化事业费仍然较低，广东 2009 年的文化事业费投入是河南 2013 年的 1.40 倍。河南省 2013 年投入文化事业的金额高于北京 2005 年和上海 2004 年的投入金额，但是从投入金额的年均增长率来看，河南省文化事业费投入比北京、上海和广东都低。[1]（见图 2）

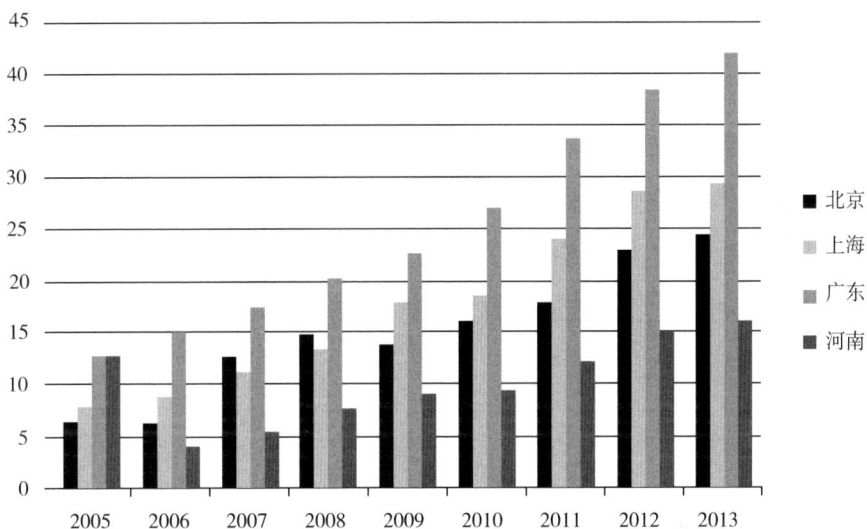

图 2　北京、上海、广州、河南 2005 年以来文化事业费投入（单位：亿元）

数据来源：根据《中国文化文物统计年鉴》（2005—2014 年）相关数据整理。

（二）全国及北京、上海、广东、河南四省市文化事业费占财政支出的比较

全国 2012 年以来，文化事业费占财政支出比重稳定在 0.38%。北京文化事业费占财政支出的比重从 2006 年的 0.49%，[2] 在全国居第 10 位，上升到 2013 年的 0.59%，在全国居第 4 位。上海文化事业费占财政支出的比重

---

① 《中国文化文物统计年鉴（2014）》，国家图书馆出版社 2014 年版，第 18 页。
② 《中国文化文物统计年鉴（2014）》，国家图书馆出版社 2014 年版，第 25 页。

2005 年为 0.48%，在全国居第 9 位，2013 年上升到最高点 0.65%，在全国居第 2 位。广东文化事业费占财政支出的比重从 2010 年开始稳定在 0.50% 及以上，全国的位次上升到 2013 年全国第 6 位。河南文化事业费占财政支出的比重从 2012 年的 0.32%，在全国居第 26 位，下降到 2013 年的 0.29%，在全国居第 28 位。[①]（见图 3）

通过对比发现，河南的文化事业费占财政支出比重最高值为 2012 年的 0.32%，远比北京 2006 年的 0.49% 低 0.17%；河南的文化事业 2012 年占财政支出比重比上海 2005 年最低值低 0.16%；广东省 2010 年以来的文化事业费占财政支出比重波动幅度较小，基本上在 0.50%，河南省 2012 年的文化事业占财政支出比重比广东 2010 年最低值低 0.18%；比全国 2012 年的值低 0.06%。河南的文化事业费占财政支出比重排名在全国居于倒数，与全国及其他三地区相差甚远。

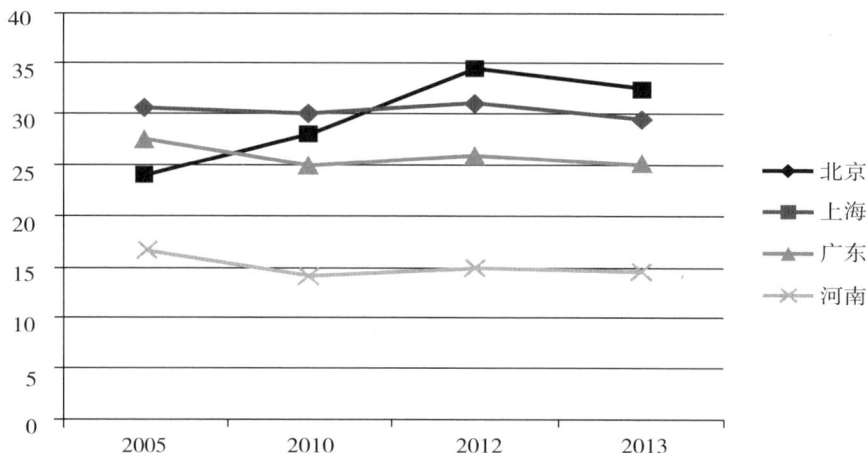

图 3　2012 年北京、上海、广东、河南文化事业费占财政支出的比重（%）

数据来源：根据《中国文化文物统计年鉴（2014）》相关数据整理。

---

① 《中国文化文物统计年鉴（2014）》，国家图书馆出版社 2014 年版，第 19 页。

（三）全国及北京、上海、广东人均文化事业费比较

全国人均文化事业费呈上升趋势，2012 年为 35.46 元，到 2013 达到 38.99 元，2014 年为 42.65 元，年均增长率为 9.67%。北京人均文化事业费 2006 年为 40.36 元。[1]2013 年为 115.66 元，年均增长率为 16.23%，2006—2013 年人均文化事业费多年在全国稳居第 2 位。上海人均文化事业费 2005 年为 44.54 元，2013 年上升为 121.96 元，年均增长率为 13.42%，2004—2013 年人均文化事业费多年在全国稳居第 1 位。广东人均文化事业费呈上升趋势，2010 年为 25.88 元，在全国居第 15 位，2013 年达到 39.42 元，在全国仍居第 15 位，年均增长率为 15.09%。

河南人均文化事业费呈上升趋势，2013 年达到 17.15 元，但在全国居第 31 位。河南 2013 年人均文化事业费相当于北京 2005 年 41.99 元的 40.84%，相当于上海 2004 年 35.62 元的 48.15%，相当于广东 2009 年 23.47 元的 73.07%，相当于全国 2011 年 29.14 元的 58.85%，低于同等阶段全国的平均水平。河南人均文化事业费在全国居于倒数，与上海和北京的排名形成鲜明的对比[2]。

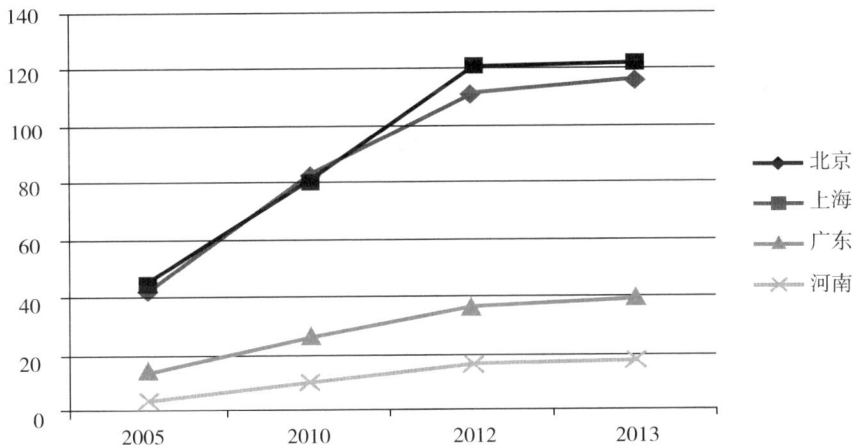

图 4 北京、上海、广州、河南人均文化事业费（单位：元）

数据来源：根据《中国文化文物统计年鉴（2014）》相关数据整理。

---

① 《中国文化文物统计年鉴（2014）》，国家图书馆出版社 2014 年版，第 26 页。
② 《中国文化文物统计年鉴（2014）》，国家图书馆出版社 2014 年版，第 20 页。

由图 2、图 3 和图 4 我们可以看到，河南省对于文化事业的财政投入绝对量逐渐增加，但是支出比例却没有明显增加，与同等经济发展水平的发达地区相比较，河南的文化事业费占财政支出比重以及人均事业费都低于北京、上海和广东，处于低水平发展阶段，说明在财政支出扶持方面，政府投入少。

二、北京、上海、广东、河南四省市人均 GDP 6000 美元阶段文化产业对国民经济的贡献比较

文化产业发展空间广阔，为客观、真实地反映河南文化产业在国民经济体系中的地位，我们选择北京、上海、广东、河南人均 GDP 6000 美元阶段文化产业占国内生产总值的比例来进行比较分析。

（一）全国文化产业对国民经济的贡献

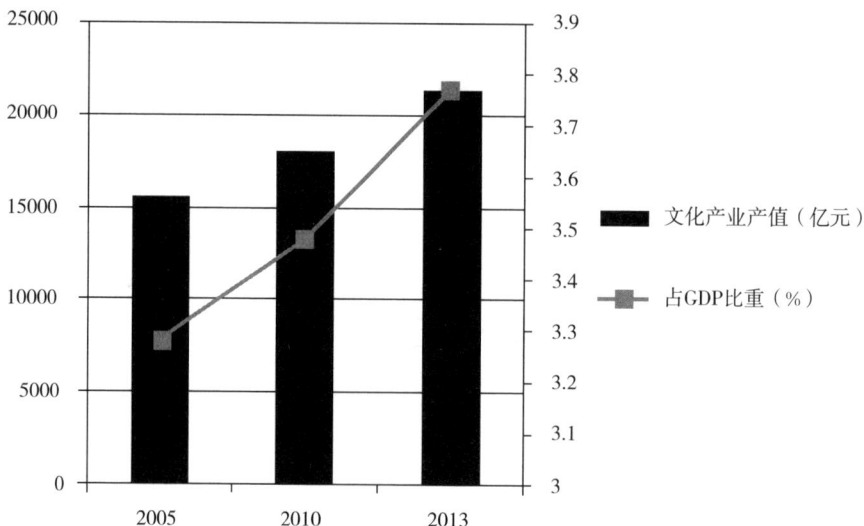

图 5　2005—2013 年全国文化产业增加值及占 GDP 比重

数据来源：国家统计局网站。

根据国家统计局资料显示，2011 年文化及相关产业增加值 15516 亿元，与当年 GDP 之比为 3.28%。2012 年我国文化产业法人单位实现增加值 18071 亿元，比上年增长 16.5%，比同期 GDP 现价增速高 6.8 个百分点。文化产业法人单位增加值与 GDP 的比值为 3.48%。2013 年我国文化产业增加值为 21351 亿元，与 GDP 的比值为 3.77%。其中，文化产业法人单位增加值为 20081 亿元，比上年增加 2010 亿元，增长 11.1%，比同期 GDP 现价增速高 1 个百分点[①]（见图 5）。从数据分析看，整体上全国文化产业对国民经济的贡献率还处于较低水平。

（二）北京、上海、广东、河南文化产业对国民经济的贡献比较

按照新的划分标准，北京市文化创意产业已具备了一定的规模，2005 年实现增加值 700.4 亿元，文化产业已经成为北京的支柱产业。2012 年北京市文化产业法人单位实现增加值 1474.9 亿元，比上年增长 14.8%，占全市地区生产总值的比重达到 8.2%，2013 年北京市文化创意产业实现增加值 2406.7 亿元，增速为 9.1%，高于 GDP 将近 1.5 个百分点；全市规模以上文化创意企业实现收入 10022 亿元，同比增长 7.6%，目前文化创意产业作为北京市支柱产业已经排到了第二位[②]。

上海市 2002—2004 年文化产业增加值占 GDP 的比重在 5.8%—6.0% 之间，基本保持平稳。2013 年，上海文创产业实现增加值 2500 亿元，较 2012 年同比增长 10.1%，占全市生产总值的比重约为 11.5%；2014 年，上海文创产业增加值占到 GDP 比重的 12%[③]。

广东 2010 年，全省文化产业增加值 2524 亿元，比 2006 年增长 154%，占 GDP 的比重为 5.6%。2006—2008 年广东文化产业增加值占 GDP 的比重

[①]　张翼、李慧：《2013 年我国文化产业增加值超 2 万亿》，《光明日报》2015 年 1 月 24 日。

[②]　北京市人民政府：《北京市文化创意产业提升规划（2014—2020 年）》（2014-06-20），http://zhcngwu.bcijing.gov.cn/ghxx/qtgh/t1358295.htm。

[③]　李治国：《上海文化产业在融合中发展》，《经济日报》2015 年 6 月 22 日。

超过 6%，保持在 6.2%—6.5%之间。2012 年广东文化产业法人单位增加值为 2706.5 亿元，同比增长 14.8%，占全省 GDP 比重为 4.74%，已成为广东新的经济增长点和战略性新兴产业。2013 年文化及相关产业法人单位创造的增加值达到 3011 亿元，比上年增加 305 亿元，增长 11.3%，占全年 GDP 比重为 4.8%[①]。文化产业已经成为重要产业门类和国民经济新的增长点，在经济和社会发展中发挥着重要作用。

河南省 2011 年文化产业法人单位实现增加值 454.37 亿元，增速高于 GDP 增速 7.2%，高于第三产业增速 2.9%。文化产业占 GDP 比重为 1.69%。2012 年，全省文化产业法人单位实现增加值 670.00 亿元，增速高于 GDP 增速 7.4%，高于全国文化产业法人单位增速 1%。全省文化产业法人单位增加值占 GDP 的比重为 2.26%，比上年提高 0.14 个百分点。2010 年以来，虽然文化产业增速较快，但文化产业对河南经济发展的贡献率低。北京、上海和广东在跨入人均 GDP 6000 美元经济发展阶段后，文化产业对经济增长的贡献率逐渐提高，文化产业创造的增加值占 GDP 比重接近或超过 5%以上，已经成为当地国民经济支柱性产业的标志。与同时期经济发展阶段的发达地区相比，河南省目前文化产业发展水平与它们还有很大差距，文化产业增加值占 GDP 比重不足 3%[②]，河南要不断加大文化产业的发展使其从文化资源大省向文化强省转变，向文化产业成为国民经济支柱性产业的方向迈进。

三、河南经济社会发展与文化发展的关联性研究的简要结论和建议

通过对全国、北京、上海和广东的比较研究分析，我们可以得出如下

① 广东统计信息网：《2013 年广东文化及相关产业法人单位情况分析》（2014-11-10），http：//www.gdstas.gov.cn/tjfx/201412/t20141204_189161.html。
② 卫绍生：《河南文化发展报告》，社会科学文献出版社 2013 年版，第 230 页。

结论：第一，从投入角度来说，河南省在文化事业的财政投入方面呈上升趋势，但相对于同等经济发展水平的发达地区而言，投入绝对量高于北京和上海，但远远低于广东的投入量；从文化事业财政投入金额的年均增长率来看，全国、北京、上海、广东和河南文化事业费年均增长率分别为10.24%、21.16%、17.84%、15.85%和14.83%，河南省文化事业费投入年均增长率高于全国水平，低于北京、上海和广东；从文化事业费占财政支出比重比较来看，全国、北京、上海、广东和河南文化事业费占财政支出比重分别在0.38%、0.49%、0.48%、0.50%和0.29%，河南文化事业费占财政支出的比重低，与河南在全国的经济地位不相称；从人均文化事业费来看，全国、北京、上海、广东和河南人均文化事业费分别为35.46元、40.36元、44.54元、25.88元和17.15元，北京人均文化事业费常年在全国稳居第2位，上海人均文化事业费常年在全国稳居第1位，河南人均文化事业费在全国一直居第30位，2013年是第31位，与上海和北京的排名形成鲜明的对比。第二，从产业增加值角度来说，北京、上海、广东的文化产业增加值占GDP的比重接近甚至超过5%，河南文化产业增加值占GDP比重不到3%，远远低于北京、上海和广东。河南省需要借鉴他们的发展经验，实现文化资源大省向文化强省的转变，在此笔者提出以下建议。

（一）深化文化体制改革，实现文化市场主体多元化，规范产业发展

深化文化体制改革，构建有利于文化产业繁荣发展的体制。一方面，推进政府职能转变，政府作为管理者主要起搭建平台和规范执法的作用，实施其统筹规划、市场监管和公共服务的职能；另一方面，逐渐形成市场运行机制和市场化主体，进一步深化国有文化企业改革，建立现代企业制度，提升民营企业参与文化产业发展的积极性，实现文化市场主体的多元化。文化市场主体的多元化可以提高文化产业的竞争能力，使文化产业发展的重要力量

能发挥主动创造性。通过具体规章规范产业发展，为政策制定提供必要的依据，为文化产业提供良好的发展环境。将行之有效的政策上升为具体部门规章，可以提升其效力，降低文化产业发展的制度性风险，管理条例的相对稳定性，更有利于文化产业的健康发展和整体实力的提高。对于知识产权的适度保护政策可以鼓励创作活动以及消费者对文化产品的需求，提高全社会的文化福利①。

（二）加大政府财政投入和政策扶持，积极吸引社会资本进入

河南省要逐步扩大文化产业发展专项资金规模，设立支持文化事业发展的财政预算，加大财政对文化产业的投入力度，充分发挥文化产业发展专项资金、服务业发展引导资金的导向作用。此外，河南省要依托财政资金，优化文化资源配置，优化产权结构，不断创新财政支持文化产业发展的形式，探索中小文化企业融资的担保模式，文化企业股权投资的模式，帮助文化企业优化管理，防范风险，提升文化创新力。逐步改善文化产业财政投入的投入方式和支出结构，引导经营性文化产业有重点地进行项目发展。积极吸收社会资本进入政策允许的文化产业领域，政府通过文化登记制度、税收减免制度等扶持政策，鼓励企业对文化产业的投入，保持政策实施的连续性和有效性，为文化产业的发展提供良好的生态环境。

（三）推动文化产业的金融支持，拓宽融资渠道，建立规范的产权交易平台

金融的大力支持为文化产业的快速发展提供了强劲的动力。文化产业应展开与金融机构的战略合作；相关金融机构应为企业贷款提供高效金融服务，加大对各种所有制文化企业的信贷支持力度；鼓励金融机构积极创新，

---

① 王桂兰等：《文化软实力的维度》，河南人民出版社 2010 年版，第 76 页。

开发真正满足文化产业需求的金融产品，引导社会各类风险投资机构进入文化产业领域。组建文化产权交易平台，为文化企业创设投融资多元化新渠道和产业资本退出通道，为文化产业项目和资本的有效对接提供平台。设立文化产业投资基金，健全企业信用担保体系，为中小文化企业融资提供信用担保服务。高效合理利用资本，在获取经济利益的同时兼顾文化的社会效益。实现文化产业从主要依托企业自我积累向利用金融资本发展转型，积极推动文化产业发展。

（四）鼓励文化产业技术和内容的创新

文化产业的技术和内容创新有利于拓展新市场，催生新业态，从而有利于增强文化产品的传播力。文化产业的发展，需要积极营造一个鼓励文化创新的氛围，政府要积极鼓励文化产业重视技术上的创新，"推动传统产业与高新科技结合"[1]。大力发展数字内容产业，不仅可以拓展文化产业的边界，而且提升传统行业的层次和水平。

（五）加快文化产业空间集聚和产业融合

不断加强国家级文化示范园区和集聚效应明显的文化产业基地建设，使文化产业规模化、集约化、专业化水平不断提高。加快文化产业与其他行业的融合发展机制，逐步健全文化与旅游、体育、休闲等行业融合有助于延伸文化产业链，提高附加值。

（六）创新人才培养方式

创新人才培养模式，为文化产业发展提供人才保证。一方面要积极探索

---

① 梁红军：《文化创意产业发展的重点与对策探析——以河南省为例》，《学习论坛》2014年第9期。

产学研一体化的人才创新培养模式，选拔有潜力的文化产业人才到国内外大型文化企业和科研机构学习，另一方面建立文化产业的创业孵化平台，培养具有创意和开拓精神的领军人物和文化专业人才，逐步建立文化、技术、经营管理各展所长的文化产业人才队伍。"建立和完善用人机制、分配机制和激励机制，允许和鼓励各类文化产业人才以其创作成果、管理方式、知识产权等生产要素参与利润分配。"[1]

河南省政府要开拓尚未受到重视的文化行业，利用地区和文化优势，寻找新的产业增长点。进一步完善空间布局和产业结构，实施重大项目带动战略，培育和扶持重点企业和品牌，营造更适于文化产业发展的良好环境，争取文化产业成为河南经济发展的支柱产业，为河南乃至全国的经济、文化发展做出更大贡献。

第三节　河南红色文化资源及其文化生态价值

众所周知，所有国家和地区的文化生态均取决于其当时所处的自然地理和社会人文环境。按照学界一般的说法，当代中国的文化生态存在主流文化、大众文化和精英文化等三个基本圈层。但笔者认为，事实上在上述三个文化圈层之外，同时还存在着传统文化圈层和外来文化圈层。而有所区别的是，在不同的区域，由于所处的地理位置和政治经济社会发展程度的不同，其不同文化圈层的活跃程度和在整个文化生态中的地位与作用会存在相对的差异。诸如河南，由于地处中原腹地，历史悠久，但近现代又属于后发达地区，所以其外来文化圈层和精英文化圈层的比重均显得相对薄弱，但传统文化圈层却资源丰富，积淀深厚。

---

① 杨宁:《河南省新兴文化产业发展研究》,《科技管理研究》2013 年第 23 期。

文化发展规律证明，不同文化圈层的存在与活跃状态，不仅取决于所参与的人群，在很大程度上也取决于当地所拥有的相应文化资源。因为任何一个区域的文化生态都与当地所拥有的文化资源密切相关。河南作为一个地处中原内陆的人口大省，其文化生态现状和所拥有的文化资源均具有与其他省份不一样的特点。本节重点探究当代河南的红色文化资源及其在本区域文化生态链条中的价值意义。

一、河南红色文化资源及其特点

界定论域是所有研究展开的前提。厘清红色文化资源的内涵、河南该类资源当前的整体状况及其特点，是全面而深入讨论其在文化生态中的价值与作用的重要前提。

（一）红色文化资源的概念界定

红色文化资源是近年来相关研究界常用的一个概念。一般来说，她是指中国共产党在带领广大人民群众在革命、建设和改革发展过程中所创造出来并遗留下来的与革命、建设、改革相关的精神、遗址等思想文化成果的总称。其所包括的历史段落和内容类别主要有体现新民主主义革命时期的革命精神的文物与遗址资源；体现社会主义建设时期艰苦奋斗精神的文物与遗址资源；体现改革开放以来的改革创新精神的文物与遗址资源。整个所涉及的时间起止段落应当是从 20 世纪初中国共产党成立至今。

（二）河南红色文化资源概况

在一定意义上说，河南不仅属于一个红色文化资源大省，还应该算是一个红色文化资源的名省。其所拥有的红色文化资源不管是从数量、规模，以及在全国范围内的知名度都是可圈可点的。据统计，"全省各级各类爱国主义教育基地一共 610 处，其中被国家、省、市三级命名的 259 处中有 85 处属于红色旅游资源。全省 5175 处文物保护单位中，有 655 处属于红色旅游资源。"①

从国家级红色旅游景区及爱国主义教育基地的分布来看，河南省目前有 2 个红色旅游景区纳入国家《2004—2010 年全国红色旅游发展规划纲要》重点培育的旅游区范围，分别是大别山红色旅游区和太行山红色旅游区。以鄂豫皖交界地域为中心的"大别山红色旅游区"以"千里跃进，将军故乡"为主题形象整合开发区域红色资源，中心地点在河南省信阳市新县等地；河南安阳市的太行山红色旅游景区则纳入了以山西、河北为主的"太行红色旅游区"范围。

河南还有 4 个红色景点（区）纳入国家《2004—2010 年全国红色旅游发展规划纲要》拟重点打造的 100 个"红色旅游经典景区"名录，分别是驻马店市确山县竹沟镇确山竹沟革命纪念馆、信阳市红色旅游系列景区（新县鄂豫皖苏区首府革命博物馆、鄂豫皖苏区革命烈士陵园、首府路和航空路革命旧址、将军故里、商城县金刚台红军洞群等，罗山县铁铺乡红二十五军长征出发地）、南阳市叶家大庄桐柏英雄纪念馆、郑州市二七纪念堂。

此外，安阳林州红旗渠纪念馆、开封兰考焦裕禄烈士陵园、信阳新县革命纪念地(中共中央鄂豫皖分局、鄂豫皖军委、鄂豫皖苏区首府革命博物馆、鄂豫皖苏区首府烈士陵园、箭厂河革命旧址等)、驻马店确山县杨靖宇将军纪念馆、确山县竹沟革命纪念馆（竹沟烈士陵园）、南阳镇平县彭雪枫纪念馆、周口扶沟县吉鸿昌将军纪念馆、濮阳清丰县单拐革命旧址（中共中央平原分局革命旧址、中共中央北方局革命旧址、冀鲁豫军区纪念馆）、商丘淮海战役陈官庄烈士陵园等也以其丰富的红色文化资源入选国家级爱国主义教

---

① 吴翔、付邦道：《河南省红色旅游发展现状与发展策略》，《开封教育学院学报》2006 年第 1 期。

育基地，占全省 11 个国家级爱国主义教育示范基地中的 9 个。

（三）河南红色文化资源呈现的总体特点

红色文化资源的产生与形成，与中国共产党在民主革命时期在不同区域的活动轨迹密切相关，也与社会主义建设时期和改革开放以来党和国家所推行的中心工作以及相应时代所涌现出来并且被在全省和全国推广的英模人物、先进集体以及行业典型相关。河南的红色文化资源现存状况与其他省份相比呈现以下突出的特点：

其一，涉及党的历史发展的各个大的历史阶段，但民主革命时期和社会主义建设时期的红色文化遗产相对丰富。这里所说的大的历史阶段是指中国共产党带领中国人民进行新民主主义革命阶段，即从 1921 年党的创立至 1949 年中华人民共和国成立；社会主义革命和建设阶段，即从 1949 年新中国成立至 1978 年改革开放前夕；改革开放的新时期，即 1978 年至今三大历史阶段。民主革命时期的资源相对丰富，应当是来自河南地域的特殊性，地处中原，历来为兵家必争之地，所谓"得中原者得天下"；同时四边与邻省交界区域众多，诸如土地革命时期中国共产党著名的鄂豫皖苏区、抗日战争期间的晋冀鲁豫边区、解放战争时期著名的中原突围、淮海战役所涉及的豫东地区等，均留下了一系列的红色纪念遗址。而在社会主义建设时期，河南极其特殊的省情，即一方面，历经战争破坏，经济基础相对薄弱；另一方面，人口众多，人均资源禀赋相对弱势；所以必须艰苦奋斗，改变贫困面貌。故而，红旗渠精神、焦裕禄精神便应运而生。

其二，内容覆盖相对比较全面，涉及不屈不挠的革命精神、艰苦奋斗的建设精神和改革创新的发展精神等方面。在革命精神中主要体现为信念坚定的奋斗精神；革命英雄主义精神；勇于牺牲的献身精神；不惧艰险的乐观主义精神；勇往直前争取胜利的冲锋精神；等等。在艰苦奋斗的建设精神方面诸如"自力更生，艰苦创业，团结协作，无私奉献"的红旗渠精神；"亲民爱民，艰苦奋斗，科学求实，迎难而上，无私奉献"的焦裕禄精神；等等。在改革创新的发展精神方面诸如"坚定信念，共同富裕，实事求是，与时俱进，无私奉献，一心为民，艰苦奋斗，勤俭创业"的史来贺精神等。

其三，区域分布比较广泛，而且呈现以大的历史时期为阶段相对集中的特点。诸如形成于民主革命时期红色大别山景区位于豫南地区；形成于社会主义建设时期的红旗渠景区位于豫北地区、焦裕禄纪念馆与烈士陵园位于豫东地区；另外豫西南、豫西北、豫东北、豫东南均都分布有大大小小多处红色文化遗址。省会郑州有著名的二七纪念塔。据统计全省红色旅游景点已经有647处被命名为县级以上文物保护单位，有306处被命名为县级以上爱国主义教育基地。其中有8家被命名为4A级景区。

其四，高级别、具有全国影响力的精神成果与遗址数量相对较多。诸如大别山革命纪念地，焦裕禄精神纪念馆，人工天河红旗渠，等等。它们不仅被列为国家级的爱国主义教育基地，或国家级红色旅游景区，而且在全国的知名度较高。成为远近闻名的爱国主义教育基地和干部教育培训基地，其知名度辐射周边省份乃至全国。

二、河南红色文化资源的主流文化价值

红色文化资源从本质上说就是属于主流文化的范畴。笔者认为其主流文化价值主要在于属于区域主流文化的重要存在形态，是对广大青少年进行革命传统教育的重要基地，同时也是广大民众认知和体验主流文化的重要场景载体。

（一）河南红色文化遗址是区域主流文化重要的社会存在形态

在文化生态中，所有文化圈层都是以一定的形态存在于社会的。对当代中国不同文化圈层的社会存在形态做出符合人们认同实际的描述和概括，是

一个需要学界同仁探索尝试的现实问题。笔者认为，按照文化的存在方式和人们对文化认知的原则为基本标准，当代中国主流文化圈层的社会存在形态主要有理论价值形态、制度政策形态、媒体舆论形态、文学影视形态、主题活动形态、文物遗址形态等六种形态。这里所涉及的文物遗址形态，就是本节主题所指的红色文化资源。红色文物遗址形态是主流文化的所有形态中比较直观、比较生动、能够穿越时空比较恒久地承载和体现中国共产党人奋斗精神的文化形态，也是比较方便同广大民众的日常文化消费相结合，便于使民众在休闲文化体验中感受主流文化精神的有形的文化形态。

（二）红色文化资源是对党员领导干部进行理想信念教育不可多得的充满历史沧桑、直观生动的教材

红色文化资源作为党在不同历史时期所遗留下来的宝贵精神财富，原本就是前辈们用青春热血和生命谱写的壮丽诗篇的精神浓缩的优秀典型，是党的地方历史中璀璨的明珠。不忘历史才能不忘初心，不忘前辈们的浴血奋战才能不辜负当今的美好时代。在长期和平执政的环境中，一些党员干部或因市场经济的发展弱化了无私奉献的精神；或因物质生活的不断丰富而丢失了艰苦奋斗的传统；或因个人的名利得失迷失了理想信念；或因利益的诱惑误入了权钱交易的泥潭……这些身边的红色文化资源，尤其是当今已经成为重要的干部培训基地的红色文化资源，诸如红旗渠干部学院，大别山干部学院，焦裕禄精神干部学院，南水北调精神干部学院等，都能使我们的党员领导干部们经受灵魂的洗礼，在那里以先贤为镜，荡涤自己思想的尘埃，回归初心，不断坚定社会主义、共产主义的理想信念，重新踏上为实现民族复兴梦想而努力奋斗的征程。根据不完全统计，河南红色文化遗址所属的纪念馆、展览馆，每年接待参观考察的党员干部数量都在数万人次以上。上述的红旗渠、焦裕禄和大别山干部培训学院，每年承担干部培训的人次也在数千人次以上。

（三）红色文化资源是对青少年进行红色传统教育的重要基地

众所周知，在当代我国思想文化多元的现实背景下，广大青少年历来都是党和国家一再明确的要进行主流意识形态引导教育的重点人群之一。因为他们不仅是社会主义事业的建设者，更是社会主义事业的接班人。他们的价值观念如何，将在一定意义上决定中国未来的走向。如前所述，在全省拥有国家级、省级、地市级命名的 85 处属于红色文化遗址的爱国主义教育基地中，每年都络绎不绝地接待着来自当地和周边不同类型的学校所组织的学生参观团体，尤其是在清明节、国庆节等相关节日期间比较集中。这种具有政治仪式感的体验式的红色文化教育，是使广大青少年感恩先辈们的奉献精神、珍惜当今幸福来之不易、牢记前人们的精神传承、激励报国理想的重要渠道。从理论意义上讲，也是当代我国主流文化社会化的有效途径之一。

（四）红色文化遗址是民众认知体验主流文化的重要场景载体

从以往文化实践的规律来看，我国主流文化的理论价值形态、制度政策形态中所包含的社会主义信仰、核心价值观念、国家大政方针等核心内容大多是通过理论报告、新闻舆论、主题教育等传统方式来进行的，由于这种形式所具有的传统性、单一性、灌输性和抽象枯燥的特点，往往比较限制受众的接受效果。而诸如红色遗址，一般来说既包括自然山水，也包括纪念馆、展览馆中的所采取的具有现代信息手段的影视记录展示，人物故事讲述，文物实物陈列，数据图片列举等非常直观的方式，使来访者能够得到一种身临其境的文化体验，并在体验中感知相关的历史故事、英模人物以及革命和时代精神的熏陶和洗礼，从而产生比较直观、比较难忘、比较深刻的印象，这种亲历性的文化体验，是当代我国引导广大民众认同主流文化比较切实可行的有效方式，也是应当受到各级领导的高度重视、从而以各种方式予以倡导、支持和鼓励的方式。

三、河南红色文化资源的大众文化价值

红色文化资源除了主流文化价值之外，在大众文化发展中也具有不可忽视的重要价值，主要包括促进当地旅游文化发展的现实价值，满足民众休闲文化需求的价值，弘扬传承优秀革命传统的内在价值等。

（一）红色文化资源具有促进当地旅游文化发展的重要价值

旅游文化是当代中国大众文化的重要组成部分之一。一般来说，旅游文化的区域独特性不可复制。而任何区域旅游文化的发展都离不开当地特有的旅游文化资源。从一般意义上说，旅游资源分为两大类，一类是自然资源，包括山水资源、森林资源、植物花卉资源、珍稀动物资源、地貌特色资源等；另一类是人文资源，即历史古迹，包括庙堂公祠、名人故居、帝相陵墓、特色建筑等。而红色文化资源也大致包括这两类。与古代遗址相比，人文类的资源则更多一些。河南的红色文化遗址，几乎90%以上都是人文类的。只有被誉为人工天河的红旗渠是自然与人文兼有的类别。按照当代人们旅游目的地选择的规律来看，一般浅度观光类旅游选择自然类别目的地的相对要多一些，而深度游的群体则往往会选择人文类的景观。尽管在当前阶段，红色文化资源中兼有自然人文双重类别的遗址由于吸引游客更多一些，所以经济效益会相对好一些。但是可以断言，随着人们文化审美水平的不断提高，更多具有人文性质的红色文化资源其作为旅游文化资源的前景会越来越广阔，并由此会形成具有地方特色的旅游文化品牌。

（二）红色文化资源具有满足民众休闲文化需求的现实价值

充分满足广大人民群众的精神文化需求，不仅是中国经济社会发展到当前阶段的必然趋势，更是社会主义文化事业建设的出发点和落脚点，也是促进人的全面发展的重要途径之一，同时也是中国共产党执政宗旨的必

然使命。而从另一层面的意义上说，人民大众文化诉求的表达和不断得到满足也是促进文化发展、保持社会文化生态的活跃和平衡的重要内在因素。从当前河南对红色文化资源开发的实际情况来看，随着文化旅游管理机构的合并与统一，各地对现有旅游资源的开发都得到了当地政府的高度重视，尤其是红色文化资源，几乎都成为当地不可多得的文化名片。同时随着革命传统文化的舆论回归，敬仰、缅怀先烈们的献身精神将会成为一种社会文化选择的时尚，除了同时代的老人们会不时进行怀旧式游览之外，不少年轻人也都加入了红色资源的休闲游览队伍，故而红色文化资源的休闲文化价值日益增强。

（三）红色文化资源具有弘扬传承优秀革命传统的内在价值

文化的发展始终是一条长河。中国共产党领导人民所创造的红色文化遗产，既是中国人民摆脱奴役贫穷奋斗轨迹的历史见证和思想文化成果，也是近几代中华儿女留给历史、留给祖国、留给世界、留给后人最可宝贵的精神财富。因为时光不会为任何人和任何时代停下前行的脚步，今天永远是明天的历史，而后人们如何理解和还原祖辈的共产党人曾经的顽强奋斗和爱国情怀，红色文化遗产会带领他们穿越时空的隧道，去感恩、感受、感怀、感悟这些既可以历历在目，同时又博大精深的红色文化精髓，不断激励他们接过奋斗的接力棒，前赴后继地为中华民族更加美好的明天不懈努力。这就是文化的力量和传承的意义。同时，也像其他的文物遗址一样，随着时光的流逝，这些红色文化资源的历史价值也会越来越珍贵，越来越被后人所珍视，因为红色文化资源也是不可复制的宝贵革命历史精神的承载者。与此同时，随着中华民族的复兴和崛起，这些承载着中国故事和中华民族精神的文物遗址资源不仅会在中国文化生态中具有重要的价值，甚至会在世界文化遗产中熠熠生辉。因为，这些历史的遗迹不仅清晰地见证着一个伟大的民族由弱变强的历史足迹；而且，她所体现的中华民族难能可贵的忍辱负重的拼搏奋斗精神，在某种意义上也是促进人类文明发展不可或缺的精神力量。

总而言之，河南红色文化资源在河南的文化生态价值是不可低估，更是不可忽视的。可以推断，由于这种红色文化资源的不可复制和不可再生性，且随着国家主流意识形态的重建，其在整个区域文化生态中的价值会越来越重要，越来越能够发挥其不可取代的文化作用。

参考文献

一、经典著作

《马克思恩格斯选集》（第 1 卷），人民出版社 1995 年版。

《马克思恩格斯选集》（第 3 卷），人民出版社 1995 年版。

《马克思恩格斯选集》（第 4 卷），人民出版社 2012 年版。

《马克思恩格斯全集》（第 43 卷），人民出版社 1982 年版。

《马克思恩格斯全集》（第 48 卷），人民出版社 1985 年版。

《马克思恩格斯全集》（第 50 卷），人民出版社 1985 年版。

《列宁选集》（第 3 卷），人民出版社 1995 年版。

《毛泽东选集》第二卷，人民出版社 1991 年版。

《毛泽东选集》第三卷，人民出版社 1991 年版。

《毛泽东文集》第三卷，人民出版社 1996 年版。

《毛泽东文集》第七卷，人民出版社 1999 年版。

《建国以来毛泽东文稿》（第二册），中央文献出版社 1988 年版。

《邓小平文选》第二卷，人民出版社 1993 年版。

《邓小平文选》第三卷，人民出版社 1994 年版。

《邓小平年谱》，中央文献出版社 2004 年版。

江泽民：《论党的建设》，中央文献出版社 2001 年版。

《江泽民文选》第一卷，人民出版社 2006 年版。

《胡锦涛文选》第一卷，人民出版社 2016 年版。

《胡锦涛文选》第三卷，人民出版社 2016 年版。

《十六大以来重要文献选编》（中），中央文献出版社 2011 年版。

《十六大以来重要文献选编》（下），中央文献出版社 2011 年版。

《十七大以来重要文献选编》（中），中央文献出版社 2011 年版。

《十七大以来重要文献选编》（下），中央文献出版社 2013 年版。

《十八大以来重要文献选编》（上），中央文献出版社 2014 年版。

《十八大以来重要文献选编》（中），中央文献出版社 2016 年版。

习近平：《之江新语》，浙江人民出版社 2007 年版。

《习近平谈治国理政》，外文出版社 2014 年版。

《习近平新时代中国特色社会主义思想三十讲》，学习出版社 2018 年版。

二、主要专著

（一）中文

宋祚胤：《周易》，岳麓书社 2000 年版。

（明）王夫之：《周易外传》，《船山全书》（第一册），岳麓书社 1988 年版。

陈鼓应：《老子今注今译》，商务印书馆 2003 年版。

（春秋）孔丘：《论语》，杨伯峻、杨逢彬注译，岳麓书社 2000 年版。

陈戍国：《诗经校注》，岳麓书社 2005 年版。

（战国）孟轲：《孟子》，杨伯峻、杨逢彬注译，岳麓书社 2000 年版。

杨天宇：《礼记译注》，上海古籍出版社 1997 年版。

（清）孙诒让：《墨子间诂》，孙启治点校，中华书局 2001 年版。

（战国）孟轲：《孟子》，杨伯峻、杨逢彬注译，岳麓书社 2000 年版。

杨伯峻：《春秋左传注》，中华书局 1990 年版。

（唐）吴兢：《贞观政要》，王贵标点，岳麓书社 1991 年版。

（宋）程颐：《周易程氏传》，《二程集》，中华书局 1981 年版。

黎翔凤：《管子校注》，中华书局 2004 年版。

《陆定一文集》，人民出版社 1992 年版。

莫林虎：《大众文化新论》，清华大学出版社 2011 年版。

王琳琳：《公共文化政策理论与实践》，中国广播影视出版社 2017 年版。

陶东风：《大众文化教程》，广西师范大学出版社 2012 年版。

陈威：《公共文化服务体系研究》，深圳报业集团出版社 2006 年版。

毛少莹等：《公共文化服务概论》，北京师范大学出版集团 2016 年版。

王一川：《大众文化导论》，高等教育出版社 2004 年版。

张继功等：《中国优秀传统文化概论》，陕西师范大学出版社 1998 年版。

刘明君等：《多元文化冲突与主流意识形态建构》，中国社会科学出版社 2008 年版。

冯天瑜、何晓明、周积明：《中华文化史》，上海人民出版社 2010 年版。

俞楠：《文化认同的政治建构》，上海交通大学出版社 2018 年版。

赵勇刚：《文化政治与符号权力》，中国社会科学出版社 2017 年版。

王宪明：《本来外来未来——中外文化交流与中国思想文化的现代转化》，人民出版社 2018 年版。

吴学琴：《当代中国日常生活维度的意识形态研究》，人民出版社 2014 年版。

周笑冰：《消费文化及其当代重构》，人民出版社 2010 年版。

闫方洁：《自媒体时代意识形态工作研究》，人民出版社 2018 年版。

李艳艳：《互联网意识形态建设研究》，人民出版社 2019 年版。

陈元中：《中国共产党执政文化建设研究》，人民出版社 2012 年版。

邓瑞全等：《中国传统人文精神》，人民出版社 2017 年版。

吴毅等：《中华人文精神论纲》，人民出版社 2011 年版。

王双洪：《中华人文精神发展简述》，中国社会科学出版社 2014 年版。

冯天瑜:《中国人文传统与中西人文精神讲演录》,湖南教育出版社2010年版。

卢少求:《中国共产党执政文化建设史论》,人民出版社2017年版。

张立文:《中国传统文化与人类命运共同体》,中国人民大学出版社2018年版。

王列生等:《国家公共文化服务体系论》,文化艺术出版社2012年版。

李娟等:《公共文化服务水平综合评价研究》,中国财经出版传媒集团2017年版。

周国平:《人文精神的哲学思考》,长江文艺出版社2015年版。

卫绍生:《河南文化发展报告》,社会科学文献出版社2013年版。

《中国文化文物统计年鉴(2014)》,国家图书馆出版社2014年版。

申志诚等:《河南红色旅游》,河南大学出版社2006年版。

陆忠伟:《非传统安全论》,时事出版社2003年版。

王桂兰等:《文化软实力的维度》,河南人民出版社2010年版。

[韩]咸台灵:《中国政党政府与市场》,经济日报出版社2002年版。

莫林虎:《大众文化新论》,清华大学出版社2011年版。

《中国文化文物统计年鉴(2008)》,国家图书馆出版社2008年版。

陈来:《北京·国学·大学》,北京大学出版社2012年版。

刘润忠:《社会行动·社会系统·社会控制:塔尔科特·帕森斯社会理论述评》,天津人民出版社2005年版。

(二)中译本

[美]莱斯利·里普森:《政治学的重大问题:政治学导论》(第10版),刘晓等译,华夏出版社2001年版。

[美]塞缪尔·P.亨廷顿:《变动社会中的政治秩序》,王冠华等译,上海三联书店1989年版。

[美] 阿瑟·史密斯:《中国人的性情》,王续燃译,长征出版社 2009 年版。

[美] 凯文·马尔卡希:《公共文化、文化认同与文化政策》,何道宽译,商务印书馆 2017 年版。

三、期刊论文

高建明:《论生态文化与文化生态》,《系统辩证法学报》2005 年第 7 期。

管宁:《文化生态——与现代文化理念之培育》,《教育评论》2003 年第 3 期。

徐建:《当代中国文化生态内的矛盾探析》,《哈尔滨市委党校学报》2008 年第 1 期。

方李莉:《文化失衡问题的提出》,《北京大学学报》2001 年第 3 期。

朱以青:《文化生态保护与文化可持续发展》,《山东大学学报》2012 年第 2 期。

黄云霞:《论文化生态的可持续发展》,《南京林业大学学报》2004 年第 3 期。

邹广文、宁全荣:《当代中国文化形态及其走向》,《北京行政学院学报》2012 年第 4 期。

高丙中:《关于文化生态失衡与文化生态建设的思考》,《云南大学学报》(哲学社会科学版)2012 年第 1 期。

俞吾金:《当代中国主流文化三论》,《湖北大学学报》2014 年第 1 期。

刘京希:《现代民主政治的生态学考察》,《天津社会科学》2003 年第 1 期。

胡鞍钢、杨竺松:《中国政治生态的独特性及四大制度要素》,《人民论坛·学术前沿》2013 年第 21 期。

朴林:《把握执政环境与提高党的执政能力》,《当代世界与社会主义》

2004 年第 6 期。

《习近平论中国传统文化——十八大以来重要论述选编》,《党建》2014 年第 3 期。

金安平:《理性理解"制度反腐"》,《科学社会主义》2015 年第 1 期。

刘红凛:《十八大以来"党要管党、从严治党"的战略思路与显著特征》,《求实》2015 年第 5 期。

栗战书:《科学发展要有好的政治生态》,《求是》2011 年第 2 期。

虞崇胜、李舒婷:《政治安全视野下的反腐倡廉制度建设》,《理论探讨》2012 年第 2 期。

虞崇胜:《国法与党纪:"双笼关虎"的制度逻辑》,《探索》2015 年第 2 期。

高瑞泉等:《人文精神寻踪》,《读书》1994 年第 4 期。

王尔勃:《人文精神与文化悖论》,《求是学刊》1997 年第 2 期。

陈军科:《人文精神:当代社会发展与人的解放和文化自觉》,《求索》2001 第 3 期。

罗豪才:《弘扬中华优秀传统文化增强民族认同感和凝聚力》,《中央社会主义学院学报》2007 年第 2 期。

肖群忠:《礼义之邦的礼义精神重建》,《北大中国文化研究》总第 3 期。

蒋璟萍:《东西方礼仪教育与比较》,《湘潭大学学报》(哲学社会科学版)2006 年第 5 期。

王桂兰、信民乐:《河南省农村公共文化服务体系建设论略》,《河南师范大学学报》(哲学社会科学版)2013 年第 3 期。

梁红军:《文化创意产业发展的重点与对策探析——以河南省为例》,《学习论坛》2014 年第 9 期。

杨宁:《河南省新兴文化产业发展研究》,《科技管理研究》2013 年第 23 期。

吴翔、付邦道:《河南省红色旅游发展现状与发展策略》,《开封教育学院学报》2006 年第 1 期。

刘春田、马运军：《习近平文化建设思想初探》，《求实》2015 年第 3 期。

孙兆刚：《论文化生态系统》，《系统辩证法学报》2003 年第 3 期。

隋岩：《当代中国文化形态的划分与嬗变》，《北京大学学报》2002 年第 4 期。

朱以青：《文化生态学语境下的文化多样性》，《山东社会科学》2012 年第 9 期。

纪晓平：《四库文化工程与古籍数量问题》，《图书馆杂志》2001 年第 11 期。

四、报纸文章

黄永刚：《从提高供给质量出发扩大文化产品有效供给——推进文化建设供给侧改革的思路和举措》，《光明日报》2016 年 6 月 1 日。

习近平：《加强文化交流促进世界和平——在第六十一届法兰克福国际书展开幕式上的致辞》，《人民日报》2009 年 10 月 14 日。

《中共中央办公厅、国务院办公厅颁发关于实施中华优秀传统文化传承发展工程的意见》，《人民日报》2017 年 1 月 26 日。

杨绍华：《着力净化政治生态》，《光明日报》2015 年 5 月 3 日。

李斌：《党面临的"赶考"远未结束：习近平总书记再访西柏坡侧记》，《人民日报》2013 年 7 月 14 日。

《国家发展和改革委员会关于贯彻落实党的十六届三中全会〈决定〉精神推进 2004 年经济体制改革的意见》，《人民日报》2004 年 4 月 15 日。

《中共中央办公厅、国务院办公厅印发关于加快构建现代公共文化服务体系的意见》，《人民日报》2015 年 1 月 15 日。

《加强古代文献典籍保护　弘扬中华优秀传统文化》，《中国文化报》2017 年 9 月 14 日。

《中国不可移动文物 766722 处　世界遗产数量跃居全球第二》，《新民晚报》2017 年 2 月 21 日。

庞朴：《中国文明的人文精神（论纲）》，《光明日报》1986 年 1 月 6 日。

《国务院关于支持河南省加快建设中原经济区的指导意见》，《河南日报》2011 年 10 月 9 日。

程梁：《河南省大遗址保护全国领先》，《河南日报》2012 年 1 月 18 日。

河南省统计局、国家统计局河南调查总队：《2012 年河南省国民经济和社会发展统计公报》，《河南日报》2013 年 3 月 1 日。

余嘉熙、胡芷滔：《河南省图书馆超半数古籍损坏》，《工人日报》2012 年 6 月 23 日。

李颖：《郑州大遗址保护全面提速》，《河南日报》2011 年 12 月 6 日。

唐雪薇：《河南稀有剧种今起大汇演》，《北京娱乐信报》2004 年 10 月 30 日。

陈苗：《大步走向文化强省》，《河南日报》2008 年 12 月 18 日。

张翼、李慧：《2013 年我国文化产业增加值超 2 万亿》，《光明日报》2015 年 1 月 24 日。

《文艺为人民服务、为社会主义服务》，《人民日报》1980 年 7 月 26 日。

后 记

　　屈指数来，今年已经是自己关注和推进当代中国文化生态研究的第九个年头。九年来，自己从"文化圈层"基础概念的厘定，到目前基本完整学术框架的建立，经历了一个漫长的思考、论证和多方听取学界名家建议以及不断匡正的过程，方才成就了现在的学术认知表达。为此，本人始终心存敬畏和感恩。

　　在不断深入研究期间也得到了河南省和国家社科规划部门的大力支持。先后获准确立了"中原经济区文化生态及其优化"河南省重大课题招标项目，并在完成后得到了鉴定结项会议评审专家团队的高度评价，且给予了唯一优秀的成绩。在此之后，又作为首席专家，获得确立了"当代中国文化生态研究"河南省高校创新团队项目，进一步鼓励了继续深入研究的信心。在之后的完成过程中，本人又作为主持人，获得了2015年国家社科规划重点项目"当代中国主流文化生态及其优化"。本人所在的学校也专门建立了"中原文化生态研究中心"科研平台和相关的研究团队，使自己的研究始终能够脚踏实地，资源丰富。在此，一并致以深切的谢意。

　　在不同相关项目的研究推进过程中，通过不同视角的审视和比较，相辅相成，相得益彰，有效促进了围绕文化生态主题不同维度研究的定位和把握。尤其是作为以研究主流文化生态为基本知识背景和出发点的本人来说，从中拓展了文化考察的视野，与此同时，还先后发表了多篇相关的研究论文。尽管在写作的过程中也时常感到相关资料的不足，但也不断地享受着开拓性研究的乐趣。正是因为文化生态研究范式的年轻和不够成熟，所以，尽管本书已经付梓，但仍然可能有不少缺憾和错漏尚未自知，如果能够得到读者们的指正和包容，亦可能是有利学术进步的幸事。

需要说明的是，在本书的五章共十七节中，第二章的第二、四、五节，第五章的第一、二节，是已经在CSSCI期刊杂志上发表过的文章，而其中第二章的第四、五节，第五章的第二节是本人作为第一作者，学生作为第二作者署名发表的，几位学生主要是在前期文献搜集和后期数据校注等方面做了相关的工作。其他已经发表的单篇，均是由本人独立署名发表的。按照主题逻辑需要展开的另外十二节均是由本人撰写的。在撰写过程中，孟轲教授、陈莉莉和高斐副教授，学生刘建国等在文献推荐、校注规范等方面予以了协助，在此一并表示感谢。

文化生态研究，作为文化研究的一种新范式，还处在探索尝试的初期，希望拙作能够抛砖引玉，唤起更多有相关志趣学者的密切关注和积极参与，这也是笔者在优化主流文化生态初衷之外的殷切期许。

王桂兰

2019 年 8 月